オールカラーのグラフで一目瞭然

中国経済衰退の真実

Tamura Hideo

田村秀

JN113500

ノト

S-033

はじめに

2024年の経済は「デフレ中国 対 脱デフレ日本」の構図となる。

中国経済は長期停滞局面に突入した。それは平成バブル崩壊後、「失われた30年」に喘《あえ》いできた日本の巻き返しの好条件となるのか、それとも日本再生の妨げになるのか。それを探るのが本書の狙いである。

本書はビジュアルなグラフと図を各所にちりばめている。経済情勢を解き明かす最も有効なツールはデータだからである。市場経済とはすべてがカネで表わされる。従って金額の数値を追えば、あらかたのことがわかる。それを助けるのは経済学上の知見だが、経済学は物理学のように永遠の真理や法則を見付けることはできない。日々刻々、経済事象は変化する。政治はもちろん、国際関係、天変地異、社会、文化、はては人々の嗜好を含め、あらゆる情勢の変化によって動かされる。特定の理論に固執するととんだ間違いを犯す。

幸い、現代はデジタル情報化が進み、インターネットを通じて手軽にデータを入手出来る。重要なのは、データをどう解読するかである。

1970年代のニクソンショック、石油危機、1980年代ではプラザ合意、ルーブル合意、日米通商摩擦《まさつ》、1990年代では平成バブル崩壊、アジア通貨危機、香港の中国回帰、そして日本の慢性デフレ突入、2000年代では国際テロ組織アルカイダによるニューヨークなどへの同時中枢テロ、中国の世界貿易機関（WTO）加盟、「100年に一度の大津波」と称されたリーマンショック、東日本大震災、アベノミクス、日銀異次元金融緩和と日本及び世界経済の節目、節目に居合わせた現役の記者として、経済データを余すところなく駆使出来るようになったことはまさにラッキーである。過去半世紀以上の経済の流れを数値化し、現場での取材とからめて、リアルな物語、即ちヒストリーとして集大成できるからである。

中国経済に関しては、これまでその崩壊の可能性がたびたび指摘されてきたが、そのたびに蘇《よみがえ》ってきた。そんなことから、今回もその例外ではないとの観測が日本に限らず欧米の中国通に散見される。見落としがちなのは、米国に劣らず日本が今後の中国の生死の鍵を握っていることだ。

強権の中国共産党が土地、カネ、人、モノを支配する異形の市場経済モデルが不動産バブルを作り出すのだが、それを支えるのがデフレ日本である。「30年デフレ」の日本で生み出されてきた巨大な余剰《よじょう》資金は、ニューヨークなど国際金融市場を経由して、中国本土に流れ込み、中国経済膨張の原資になってきた。企業もつられて投資する。その意味で、日本の脱デフレとそれに伴うカネ余り解消こそは、習近平体制にとって大きな打撃となりうる。即ち日本のデフレ終結の成否は米国の対中政策と並んで、バブル崩壊中国の経済停滞を長期化させるかどうかに関わってくる。

＊

ここで、冒頭の命題に触れてみる。

２０２２年2月24日のロシア軍によるウクライナ侵攻後のエネルギー価格高騰《こうとう》を受けて、世界各地では物価の高騰が収まらないが、主要国では唯一、中国が例外である。２０２２年秋以降、消費者物価の上昇幅が縮小し始め、23年7月、10月、11月、12月とマイナスに落ち込んだ。対照的に、日本は輸入原材料コスト上昇を受けて22年8月以降、３％以上の物価上昇が続いている。１９９０年代後半以降、30年近くも物価上昇率ゼロ％前後が続いてきた状況から一変した。

物価が継続的に下落する場合は「デフレ」、逆に上昇する局面は「インフレ」と呼ばれるが、厳密には物価の背後の需要動向が判定の鍵になる。中国では、２０２１年秋に始まった不動産バブル崩壊が長期化するにつれて、家計消費は縮小し続けている。外国若者の失業率は23年６月、21％に達し、当局は７月以降のデータ発表を止めた。外国人投資家は証券投資を大幅に減らし、企業は相次いで中国事業の縮小・撤退だ。中国人富裕層は資本逃避に走る。その結果、外貨準備に頼る金融の緩和はままならない。政府の財政支出拡大も小出しになる。カネの流れが細ると、モノも人も動かない。物価下落はその悪循環の果てである。中国経済はまさにデフレ局面に入っているが、党の強権では打開出来そうにない。このトレンドは今年もっと激しくなるだろう。

日本の場合、23年初めの新型コロナウイルス収束後、家計消費は回復傾向にあるものの、需要を萎縮させるデフレ圧力は未だ根強い。物価上昇が続くが、賃金上昇が追いついていないからだ。それでも、輸出関連を中心とする企業収益は拡大し、設備投資に勢いがある。今春闘では大幅賃上げの期待が強い。

脱デフレの鍵は政府の財政政策にある。岸田文雄政権は企業の賃上げムードに加えて、所得税の定額減税や非課税世帯への給付によって家計の可処分所得を増やすことで一挙に脱デフレを実現するシナリオを描いている。しかし、清和会（安倍派）など自民党派閥の政治資金裏金問題を受けて、岸田文雄政権の求心力が萎えている。増税反対派の多い安倍派が政権からほぼ一掃されたことから、消費税などの増税を仕掛ける財務省の政治的影響力は格段と高まる。それをみた消費者は総じて近い将来の増税に身構えるので、一過性の減税や給付による需要刺激効果は小さくなる。

国内ばかりではない。恐るべき変則要因が日本周辺にある。一月の台湾総統選で対中強硬派の与党・民主進歩党の頼清徳氏当選を受けて、習近平共産党総書記・国家主席は武力による台湾併合を辞さない構えだ。習政権はバブル崩壊後、財政、金融政策での失政が目立つ。地方の党幹部の間では不穏な噂が拡がっていると聞いた。昨年10月の李克強前首相の突然死は「暗殺」、昨年7月に突如、失脚したまま消息不明の秦剛前外相については「すでに殺された」という具合である。習氏が党内を引き締めるために台湾への強硬策をとるとの憶測はもはやリアルだ。秋には米大統領選で、トランプ前大統領の復活勝利の可能性が高い。トランプ氏は外国駐留の米軍の縮小撤退が持論であり、日米安全保障条約の全面見直しまで言いかねない。習氏はそこにつけ込むかもしれない。

日本が脱デフレのチャンスを活かして経済を再生軌道に乗せると同時に、日米安保体制を万全にするためには、政治の空白だけは何としてでも避けなければならない。

政局は自民党の派閥政治資金パーティーのキックバック問題のために流動化する情勢だが、金融危機打開に窮《きゅう》している習近平党総書記・国家主席を喜ばせるようなことになってはならないはずである。

折しも、元旦には能登半島大地震が起き、翌日には羽田空港で被災地支援に向かう海上保安庁の航空機と日本航空の旅客機（エアバス）が衝突するという、あってはならない事故が起きた。脆弱《ぜいじゃく》感が漂う岸田文雄政権が担う国家危機管理体制の試練である。国難を克服する確かな能力に加え、対中国の戦略観をしっかり持ったリーダーの登場が求められている。

令和6年1月

田村秀男

中国経済衰退の真実◎目次

本書は、産経新聞の連載「田村秀男の経済正解」、夕刊フジの連載「お金は知っている」などを再構成し、加筆修正したものです。肩書き、データなどは原則として紙面掲載当時のもの、各見出し後の日付は掲載日です。

装　丁　神長文夫＋柏田幸子
ＤＴＰ／３章作図　荒川典久
図表提供　産経新聞、夕刊フジ

序　章　中国という時限爆弾

中国金融からの誘爆の可能性（2023年8月22日）

2023年6月末以来、中国大手の投資ファンド「中植企業集団」（本社・北京、2024年1月5日破産申請）および同社傘下の「中融国際信託」による元利や配当金の支払いが止まったままだ。不動産バブル崩壊が中国金融を直撃し始めたわけである。

習近平政権は何も言及しないが、米国は見逃さなかった。バイデン米大統領は23年8月10日、中国経済について「チクタクと時が刻まれている時限爆弾」と公言した。中国金融危機はどこまで深刻なのか。

中国金融の全体像を本図で見よう。中国の金融は日米欧と違って非銀行（ノンバンク）系、言い換えるとシャドーバンキング（影の銀行）による投融資の比重が高い特異な構造になっている。中国人民銀行はすべての投融資をあわせて「社会融資総量」と呼んでいる。日本円に換算すると、ノンバンク系は約2700兆円と巨額で、それ

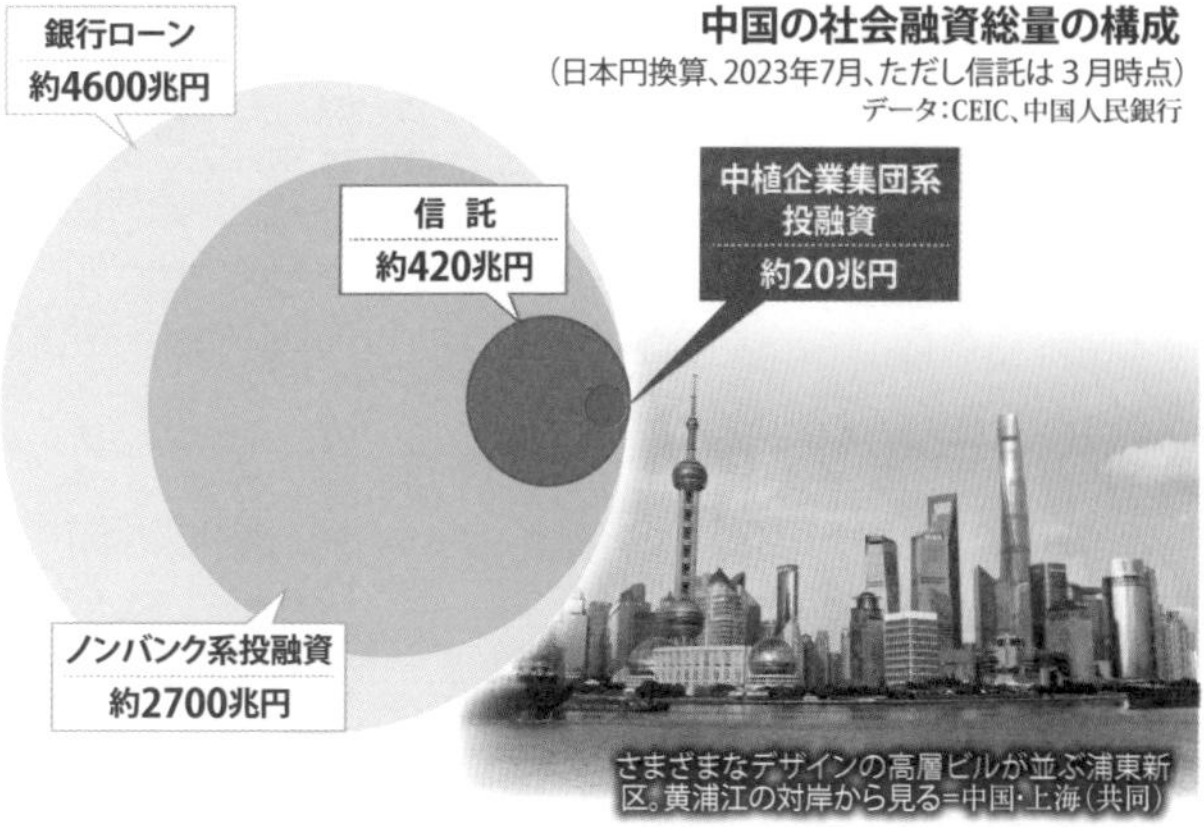

さまざまなデザインの高層ビルが並ぶ浦東新区。黄浦江の対岸から見る＝中国・上海（共同）

だけでも日本の現預金と債券、信託や金融商品を合わせたカネの総量（「広義流動性」）２１２１兆円（23年7月末）を大きく上回る。中核に位置するのが信託で、最大手級が中植企業集団だ。

　支払いに問題が生じたのは、中植集団直轄の融資信託「定融」と中融国際の信託商品で、元本総額はそれぞれ約４兆６千億円、10兆円以上で、約束していた利回りは９・１％、８％と、銀行定期預金金利１・５％を大きく上回る。定融は６月末から、中融は７月28日に配当できなくなった。

　中植グループの金融トラブルは中国経済の時限爆弾になるのだろうか。問題は「誘爆」の可能性である。一件の焦げつきをきっかけに預金者や投資家の不安が広がれば、金融危機になる。２００８年９月のリーマン・ショックは同年３月に起きた投資ファンド「ベア・スターンズ」の破綻が端緒だった。

日本の平成バブル崩壊ドラマも１９９０年９月に発覚した「イトマン事件」に始まる。投資家や金融機関が投資や融資を引き揚げ、新規の投融資が止まってしまったのが、平成バブル崩壊後のデフレ不況であり、いまなお日本経済はその後遺症に悩まされている。

中国の住宅バブル崩壊は始まって以来2年を経過しても進行が止まらない。資金の出し手の家計や企業が本図でのノンバンク系金融から一斉に引き揚げると、中国経済を支える金融機能がまひしてしまう。すでに中国は需要の不振を背景に生産者、消費者の両物価指数がマイナスに落ち込んでおり、デフレ局面に入りつつある。カネの流れが萎縮すると、深刻なデフレ不況へと転じよう。

「中国は日本と違う。共産党独裁政権がカネの供給や配分を支配するのだから、危機対策は可能」とみる向きもあるだろう。

だが、忘れてならないのは、習近平政権が強権によって金融市場を支配するからこそ、不動産投資が行き過ぎ、住宅供給過剰を招いたことだ。

①中産階層以上の市民は住宅神話に取りつかれて2軒目、3軒目のマンションを購入してきた。

②増える不動産需要を見込んでノンバンクが資金を集めて投融資し、不動産開発ブームを演出した。

③地方政府は土地の公有制に乗じて土地使用権を販売し、しかも自身で不動産開発ビジネスを展開してきた。

数年前は地方財政収入の7割以上が不動産関連収入だった。

バブル崩壊不況回避手段は、西側世界の場合は中央銀行による金融の量的緩和である。リーマン時の米連邦準備制度理事会（FRB）はドル資金を短期間で2、3倍に膨らませ、その資金で紙くずになりかけた住宅ローン債券を買い支え、次には米国債を大量購入し、財政出動しやすくした。

中国の場合、この策は不可能に近い。

①中国人民銀行は外貨流入に応じて人民元資金を発行してきたが、2022年3月以降は外貨の流入が減りっ放しだ。外国企業の直接投資が細り、外国投資家が対

中証券投資を大きく減らしているので外貨準備は減少する。
②人民元売りの増加のために人民元相場の下落傾向も止まらない。
③その中で大幅な量的緩和に踏み切れば、人民元は暴落懸念が生じる。
④人民銀行が唯一できる策は利下げだが、それも極めて小幅にとどまっている。大幅利下げは資本逃避を加速させる恐れがあるからだ。
⑤政府が国債や地方債を発行して景気刺激策を打とうにも、人民銀行が大量購入しないと市場金利が高騰するのでためらわざるを得ない。もとより、量的緩和も大幅利下げも上記の理由で困難だ。
習政権は沈黙したままだが、中植集団問題が長引くほど、金融の混乱は激しくなるだろう。

必死に人民元を買い支えている

（2023年9月5日）

中国の習近平政権は貿易や金融取引の人民元決済化を加速させている。が、古人曰《いわ》く、「策士、策に溺れる」。人民元の下落が止まらなくなったのだ。

習政権は5年前の米国との貿易戦争勃発以降、人民元決済の増加に努めてきた。2022年2月下旬、ウクライナ侵略のロシアに対して先進7カ国（G7）が行った金融制裁を見て、人民元決済拡大を加速させた。中国の通貨別決済シェアを支払い面でみると、18年6月では人民元24%、ドル62%、22年2月はそれぞれ41%、52%だったのが23年3月に逆転し、7月には51%、41%と差を広げた。受け取り面でも同様の趨《すう》勢《せい》を示し、18年6月には人民元22%、ドル71%だったのが、23年5月に逆転し、7月にはそれぞれ49%、47%となった。ロシアとの間でドルを元に置き換えたばかりではない。西側の対露制裁への同調を拒否するグローバルサウスを取り込む好機とした。

習氏は22年12月にサウジアラビアを訪問し、リヤドでの中国・湾岸協力会議（GC

C）首脳会議に出席し、石油・天然ガス貿易の人民元建て決済を求め、上海石油天然ガス取引所を「最大限に活用する」と表明した。23年1月には、サウジ財務相がドル以外の通貨での貿易決済の話し合いに応じると言明した。2月にはイラク中央銀行が対中貿易で人民元決済を認めると表明。3月には習政権がサウジアラビアとイランの関係正常化を仲立ちした。続いて、サウジ政府が中国、ロシア、インドや中央アジア諸国の協議機関である上海協力機構への加盟を決定。中国とブラジルが人民元およびブラジル通貨レアルの貿易、金融取引開始で合意した。中国の国有石油大手、中国海洋石油（CNOOC）も同月、アラブ首長国連邦（UAE）産の液化天然ガス（LNG）を人民元建てで購入した。4月にはアルゼンチンの経済相が、中国からの輸入商品のドル建て決済をやめ、人民元建てで払うと発表した。

8月24日、南アフリカ・ヨハネスブルグで開かれたBRICS（ブラジル、ロシア、インド、中国、南アフリカ）首脳会議では、サウジアラビア、UAE、イラン、エジプト、エチオピア、アルゼンチンの6カ国のBRICS新規加盟が決まった。習氏の人民元決済圏拡大の野心と二重写しである。

以上からすれば、習氏や側近の王毅外相の得意満面とも想像するかもしれないが、

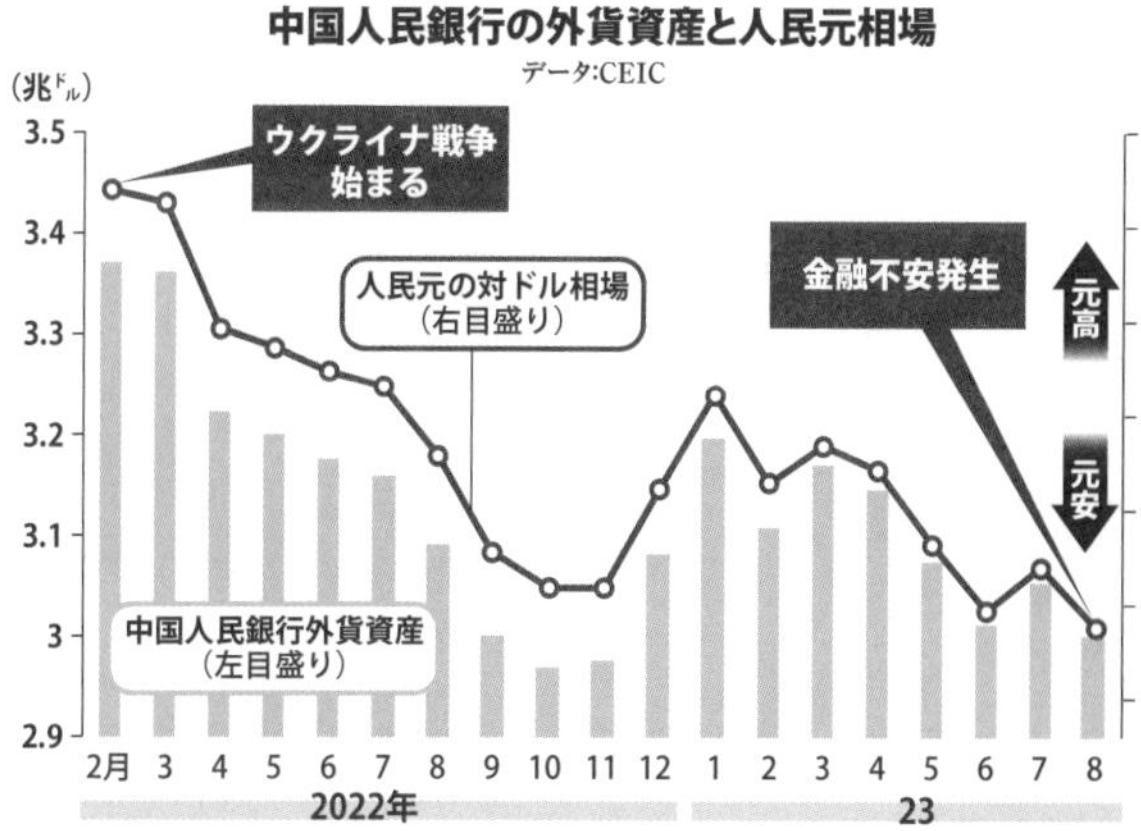

複雑な国際金融には必ず落とし穴がある。

中国の金融、資本市場は極めて不透明で規制だらけ、すなわちリスクいっぱいである。外国の政府、企業や投資家は巨額の人民元を入手したところで、それを資産として運用する気にはなれないだろう。プーチン大統領や取り巻きのロシアのエネルギー企業大手だってそうである。ロシアなどは人民元の輸出代金を香港の銀行の口座に振り込ませるが、ただちにドルに交換している。その証拠に香港での人民元預金は２０２２年２月前後に急増したあとは激減したまま、ほとんど増えていない。国際金融市場の香港では人民元とドルなどの交換が自由で、しかも香港証券取引所経由で上海、深圳の証券市場にアクセスできるのが強みだ。しかし、中国株式や債券の相場は下落続きなので損失の危険いっぱいだから、見向きもされない。

本グラフは、ウクライナ開戦以降の中国人民銀行の外貨資産と人民元相場の推移である。人民元相場の下落は22年11月でいったん収まったが、23年4月に入って再び下がり続け、不動産デベロッパー経営危機深刻化とともに信託商品の焦げ付きが表面化した23年8月にはさらに落ち込んだ。香港市場主導で人民元売りの嵐になっているにもかかわらず、人民元が暴落を免れている理由は、人民銀行による懸命の人民元買い支えにある。人民銀行は管理変動相場制をとっている。人民元の対ドルレートを前日の終値を基準とし、その上下2％以内の幅に変動を抑える。従って人民銀行は外貨資産を取り崩す。人民元の大量売却が起きるたびに外貨資産は大きく減るのだ。

問題はそれにとどまらない。人民銀行による人民元資金発行は外貨資産を裏付けにしている。外貨が減ってゆくと、人民元増発が困難になる。不動産バブル崩壊不況が深刻化しているにもかかわらず、人民銀行の量的緩和は小規模にとどめるしかない。利下げも人民元大量売りを誘うので、最近でも0・1％とわずかな幅だ。

習氏の人民元圏拡大という野望のために、中国経済はかつてない窮地にはまった。

中国の資本逃避と日銀マネー

（2023年12月8日）

日本が主要なカネの出し手になっている国際金融市場が、不動産バブル破裂に伴う金融崩壊に四苦八苦の習近平中国共産党総書記・国家主席を大いに助けている。

グラフは中国の対外負債、日本の対外金融債権、日銀と米連邦準備制度理事会（FRB）による資金発行について、2014年を起点にどう増えてきたかを示す。日本は世界最大の債権国であり、米国以外でドル基軸の国際金融市場を支える最大のスポンサーである。円はいつ、どこでもドルに転換できる。

国際金融市場を仕切る米英の国際金融資本はグローバル化された金融市場から資金を借り入れて経済の膨張を図る中国を優遇してきた。その中国では2015年夏の人民元切り下げを機に、激しい資本逃避に見舞われ、人民元の崩落危機に直面した。当時のFRB議長だったジャネット・イエレン氏（現米財務長官）は15年12月に利上げしたが、中国側の要請を受けて追加利上げを1年延期した。そのうえで、黒田東彦《はるひこ》日銀総裁（当時）が助け舟を出した。

２０２３年11月連載の日本経済新聞「私の履歴書」で黒田氏は「私は16年1月、スイスでの世界経済フォーラム（ダボス会議）に登壇し（中略）『中国は資本規制を強化した方がよい』と発言した。人民元安が再び日本を含むアジアにデフレ圧力を及ぼす懸念があった」「新興国経済への先行き懸念もあり、世界的な株安や円高が進んでいた。スイスに出発する前、私は追加金融緩和の選択肢を議論できるように、内々に準備を要請していた。帰国後、1月29日の金融政策決定会合で、日銀はマイナス金利政策の導入を決めた」と明かしている。

２０１３年3月に日銀総裁に就任した黒田氏は異次元金融緩和政策に踏み出したが、安倍晋三首相（当時）の背中を押して消費税の大型増税を実行させた結果、デフレ圧力を招き入れ、マイナス金利政策に追い込まれた。「履歴書」ではその際、中国発金融危機もその動機になったことを示唆したわけである。デフレ下では中央銀行が極端にまで金利を下げても、カネは実体経済に回らずもっぱら金融市場に流れ出す「流動性の罠《わな》」に陥るというのが経済学上の定理だが、日銀マネーは国際金融市場を経由して中国経済の膨張を助長した。このことはグラフを見ても明らかだ。マイナス金利付

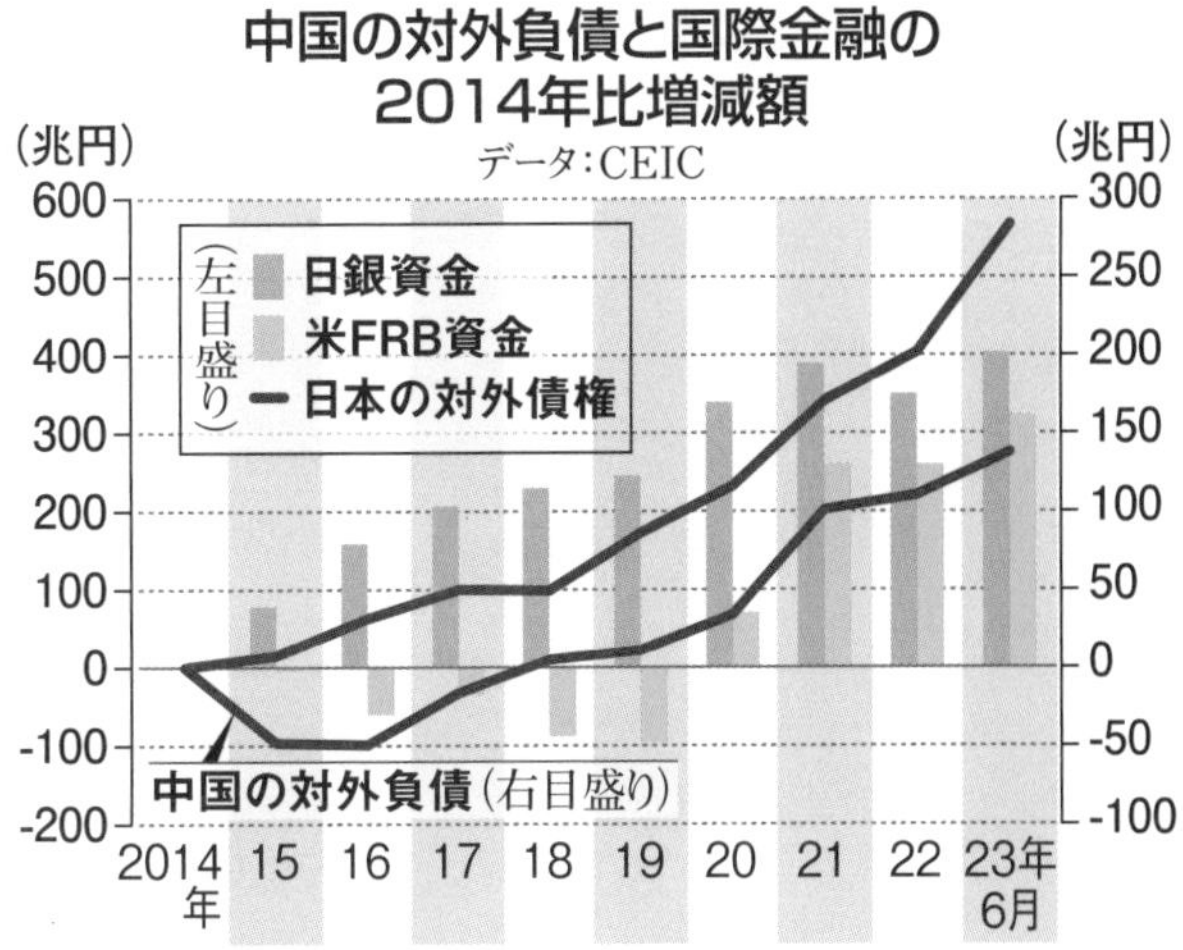

きの日銀資金の多くが海外にも流れ出し、中国への資金流入（対外負債）を後押しする。ＦＲＢのドル資金発行は縮小していたが、消費税増税に伴うデフレが背景のマイナス金利の日本マネーが国際金融市場を潤すと同時に、中国経済を救ったことになる。

今、バブル崩壊の中国は再び資本逃避に苦しんでいる。高利回りの信託など理財商品の焦げ付きに遭遇した中国の富裕層や投資家は資産を国外に持ち出そうと躍起になっている。嫌気が差した外資は脱中国へと走る。

が、グラフを見ればわかるように、中国は対外負債を増やしている。日銀のマイナス金利資金がそれを可能にする。習政権を追いつめるつもりなら、日本は米国を誘って中国向けの金融を規制すべきなのだ。

第1章　習近平バブルの崩壊

不動産バブルの崩壊と金融危機（2023年8月14日）

香港メディアは2023年8月14日、中国の信託大手、中融国際信託の顧客企業の一部が、期限を迎えた信託商品の支払いが滞っていることを明らかにしたと報じた。中融国際信託の親会社、中植企業集団（中植、2024年1月破産申請）は、中国最大級の投資ファンドである。

現地のSNSなどによると、中植直轄の投融資信託「定融」が元本2300億元（日本円換算約4兆6000億円）を、中植傘下の信託会社「中融国際信託」は500億元（約10兆円）以上を投資家から集めてきたとされている。売り物は高利回りで、銀行の1年定期が1・5％なのに、定融は9・1％、信託商品は8％にも上るという。

中植への投資家は約15万人に及ぶ。

習近平政権は中植問題をきっかけに、投資家が資金を一斉に引き揚げる取り付け騒

中国の住宅着工、不動産投資とノンバンク融資の前年比増減率

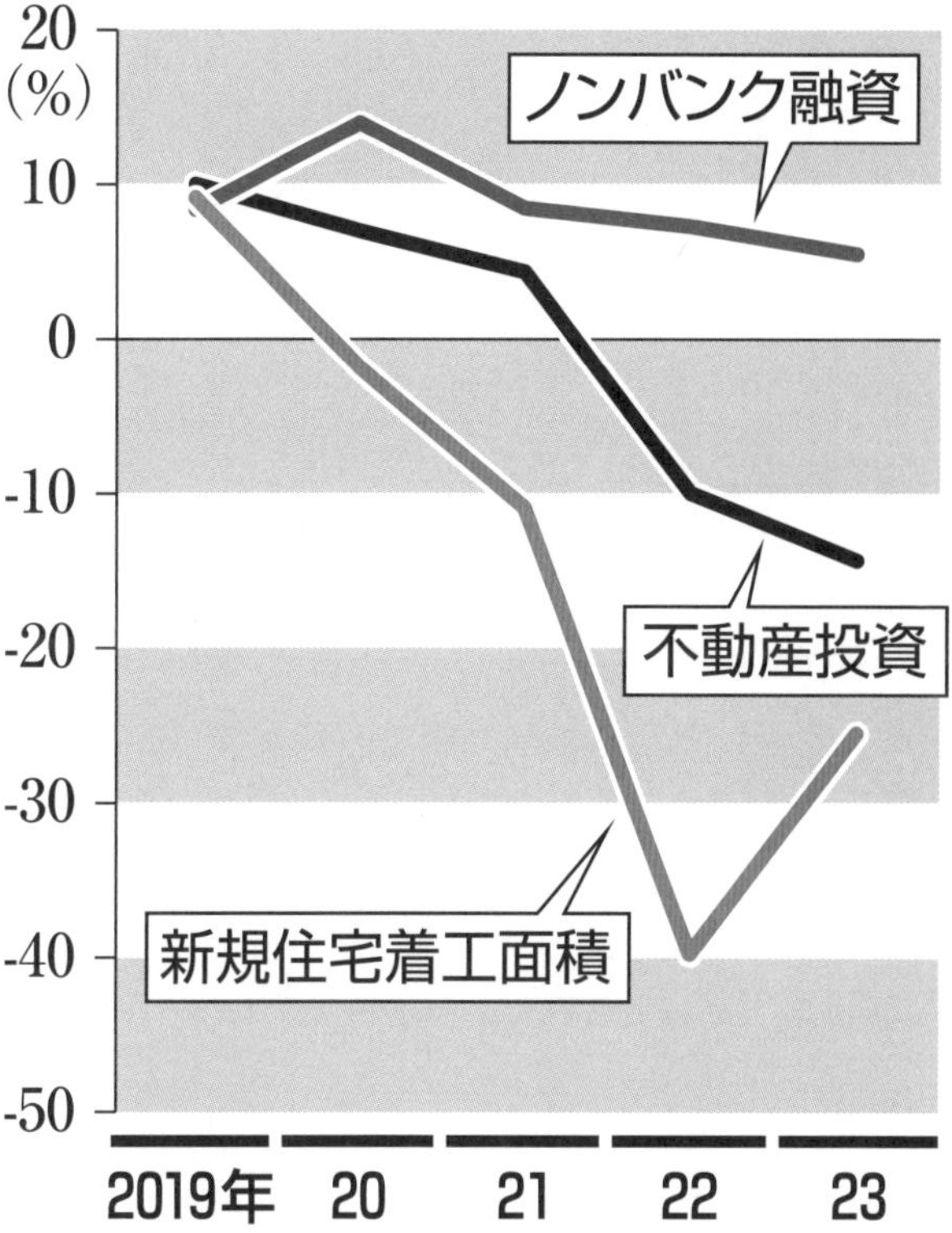

※データはCEIC。2023年はノンバンク融資が7月、住宅着工と不動産投資は6月時点

ぎを恐れているとみられ、情報隠しでやり過ごそうとしてきた。中植の利払い停止は23年6月末からだが、中国の新聞やテレビなど国内報道機関はどこも報じない。

焦った投資家たちは交流サイト（SNS）の「微信（ウィーチャット）」を通じて連絡を取り合い、8月10日頃までに各地に抗議グループを結成し、16日に北京の中植本社に押しかけることにした。すると、グループの参加者たちの自宅を警察署の担当官が訪問し、「北京には行かないほうがよい」と勧告してきたという。この投資家は、「ネットでのやりとりが常時監視され、しかもわれわれの個人情報を掌握している」と愕然《がくぜん》としている。

だが、11日夜には中融国際信託に投資している上場企業3社が規定に従って支払い停滞情報を開示したことから、習政権は隠しようがなくなった。投資家たちは「政府は中植に事態の収拾を急ぐよう指導するはずだ」と期待する。

投資家には日本円で数十億円単位を投じてきた富裕層や中小企業経営者が多いが、中には数百万円程度の小口投資家もいるとされている。

微信には2023年8月初め、中植に投資した農村部の主婦が泣きわめきながら、農薬で服毒自殺を図ろうとし、それを必死になって止めようとする姉妹の映像も流れた。それを見た投資家は「自殺事件でも起きれば、新聞やテレビも取り上げるだろうから習近平政権も無視できなくなる」と、はしゃぐコメントを発信した。全財産を注ぎ込んだ高齢の投資家はショックで寝たきりになった。身内の人たちは抗議のため、この重病人をベッドに寝かせたまま中植の地方オフィスの一階ロビーに運び込み放置する騒ぎも起きた。地獄絵さながらだ。

金融ビジネスに精通する投資家のＣさんは「十数年前に投資を始めて以来、一度も配当が滞ったことはなかった」と話す。中植の幹部には元裁判官や大手銀行のトップのＯＢが居並ぶし、株式の３分の１は国有企業大手が保有しているので信用し切っていたという。

８月上旬までにＣさんが入手した情報では、中植の手元資金は70億元（約１４００億円）にとどまり、すぐに換金できる流動資産はごくわずかだ。「私たちが回収できる元本はよくて３割程度、下手すると数％にとどまるかもしれない」とＣさんは不安に苛まれている。

高利回りの秘密は二つあるとされる。

一つは、集めた資金の投資先が不動産関連であること。不動産業界は住宅相場の値上がり、つまり不動産バブルで荒稼ぎできると見込んで、中植からの高利の借り入れに走ったという。二つめは、ねずみ講のカラクリだ。高利回り配当を当て込んだ投資家が次から次へと契約し、カネを振り込むので、その資金で既存の契約者に配当することが可能になる。ところが住宅相場は22年初め以来下落が続き、歯車が逆回転している。不動産開発投資は前年比で二ケタ台のマイナスに落ち込んでいる。中植の信用危機は不動産バブル崩壊が招いたといっていい。

中国では非銀行系金融機関（ノンバンク）系が総融資量の4割近くを占めているだけに、中植の信用問題を早期に収拾できなければ、中国金融界は根底から揺らぎかねない。

前述したように、中国の金融は銀行系と中植のようなノンバンク系に分かれる。2023年6月末の総融資残高は銀行系が230兆元（約4600兆円）、ノンバンク系が134兆元（2680兆円）で、先進国に比べてノンバンク系の比重が圧倒的に高い。中国の国内総生産（GDP）は2022年で121兆元（約2420兆円）と日本の4・2倍だが、ノンバンク系が中国GDPの増額分を上回る規模の新規融資を担ってきた。

グラフはノンバンク融資、不動産投資と住宅着工面積の推移である。不動産投資と住宅着工の前年比がマイナスに陥っているように中植危機の根底には不動産バブル崩壊があり、その底はまだ見えない。金融危機の広がりを防ぐためには、大規模な金融緩和が欠かせないが、人民元相場の急落を招きかねないので、中国人民銀行は慎重だ。財政出動も金融の量的拡大なしには不可能だ。

不動産と外貨準備だけを見ればよい（２０２３年１月27日）

専門家による中国経済の先行きの見方は楽観、悲観が交錯している。一体、どっちなんだい、とよく周りから聞かれるのだが、筆者は「簡単だよ、住宅価格と外貨準備（外準）だけみればよくわかる」と答える。

グラフは各年末のマンション価格（全国平均）と外準の推移である。２０２２年はいずれとも下落、中国経済停滞の長期化を告げる。なぜか。

マンション価格だが、22年は１平方メートル当たり１万１８５元で、日本円換算で20万円弱といったところ。中国は土地が公有制で、期間90年程度の借地権相場が地価の代わりになり、日本とは単純に比較できないが、日本の地価は22年６月時点（国土交通省調べ）で、首都圏平均が１平方メートル当たり21・76万円、大阪圏14・32万円、名古屋圏10・９万円、そして北海道２・２万円となる。借地権付き上物価格とはいえ、広大な中国全土平均の住宅相場が首都圏地価と大差なく、しかも大阪、名古

中国住宅価格と外貨準備

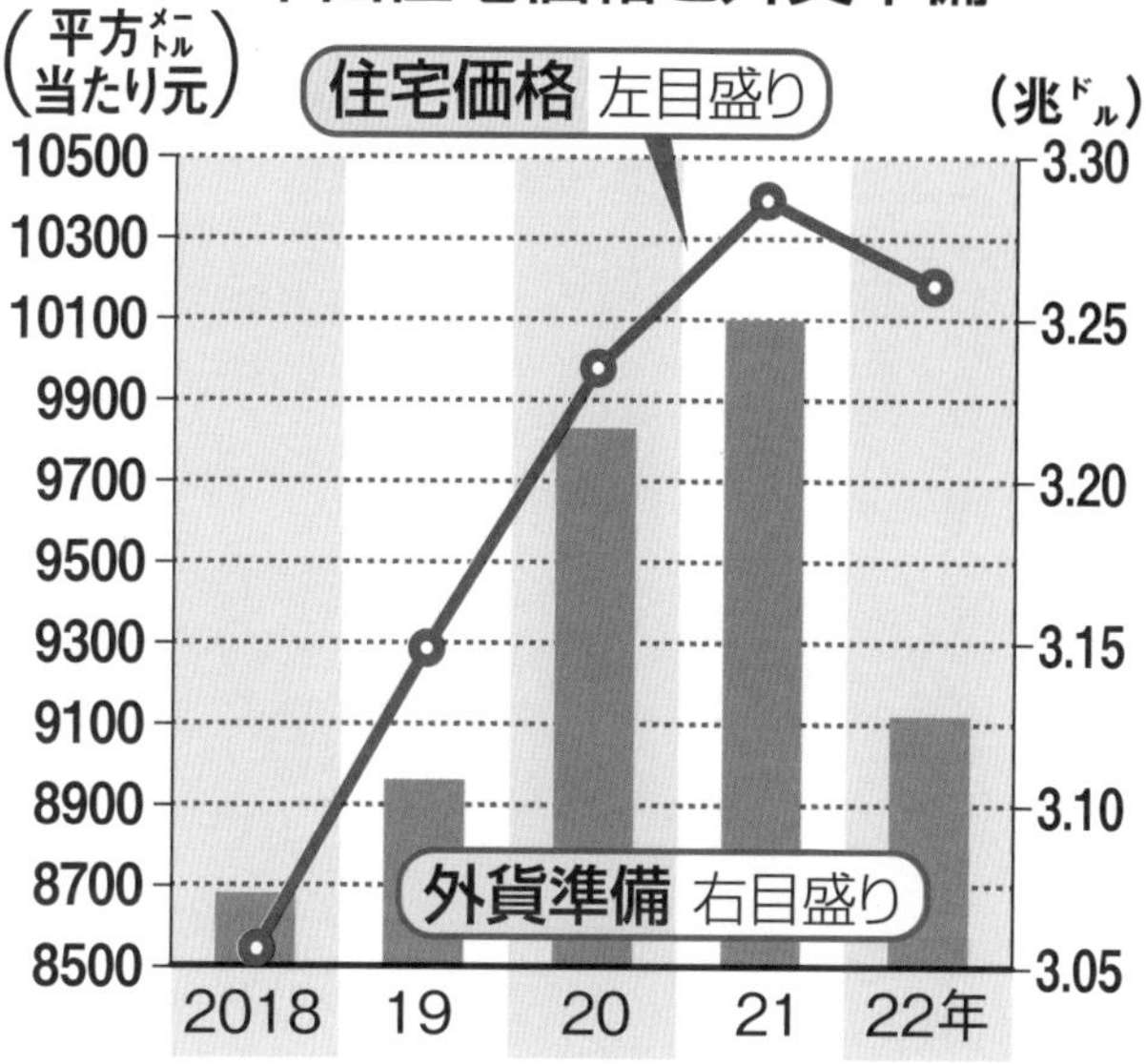

データ:中国国家統計局、CEIC

屋圏をはるかに上回り、北海道の地価の10倍近いとは、ちょっとどころではなく驚かされる。

道理で、中国人の富裕層や不動産・リゾート資本大手が、日本は安いよ、とばかりに東京や大阪の中心部の高級不動産、さらに北海道を始めとする広大な土地や施設を買いまくるはずである。

不動産平均相場の下落は習総書記・国家主席にとっては重大問題である。

GDP（国内総生産）のうち地上の構造物をさす固定資産の投資は5割前後を占め、固定資産の主柱が住宅を中心とする不動産なのだ。住宅関連の設備や家電製品などの家財需要を考慮すると、中国景気はまさに住宅需要次第ということになるが、21年末以来、急激に落ち込んだままなのだ。

習政権は22年12月、原因はゼロコロナ政策のせいだとばかり、新型コロナウイルスの感染爆発の恐れを無視してゼロコロナ完全撤廃に踏み切った。だが、それでも住宅需要が回復しない。金融の後押しがないと、新規のマンションを買うわけにいかないのだ。

では、習政権は金融緩和しているかというと、ほとんどできないでいる。22年12月、住宅ローンなど新規融資は5割近くも減った。なのに、中国人民銀行は利下げしようとしない。できない背景は外準減にある。

中国の通貨発行量は外貨準備によって左右される。〝紙切れ〟の人民元は国民に信用されないので、党は外準に応じて元資金を発行することにしている。23年1月時点では元資金発行量の約6割相当の外貨資産を人民銀行が持っているが、信用維持のためには同水準がギリギリだ。だから外国の対中投融資呼び込みに躍起となっている。

中国脅威を抑えたいなら、「対中投資制限」を示唆するだけでよい。岸田文雄首相は試しに一度言ってみたらどうか。

不動産依存の中国経済
（2023年3月10日）

中国共産党が取り仕切る年に一度の全国人民代表大会（全人代）が2023年3月、北京で開催された。3期目に入った習近平党総書記・国家主席による経済政策の行き詰まりぶりを観察するよい機会である。

まず、今全人代を最後に退任する李克強首相（23年10月末死去）が読み上げた政府活動報告によると、23年の実質経済成長率目標は5％前後（22年の目標は5・5％前後で、実績は3％）で、財政主導での景気回復をめざすという。それは可能だろうか。

中国経済が浮揚できるかどうかの最大のポイントは、住宅価格に代表される不動産市況である。住宅価格の全国平均は22年初め以降、前年比でマイナスが続いている。その下落幅は22年12月1・5％で、22年年初の9・5％よりも緩やかになっているとはいえ、新築住宅相場の先行指標である中古住宅は12月で前年比8・8％マイナスと依然として大幅な下落トレンドにある。

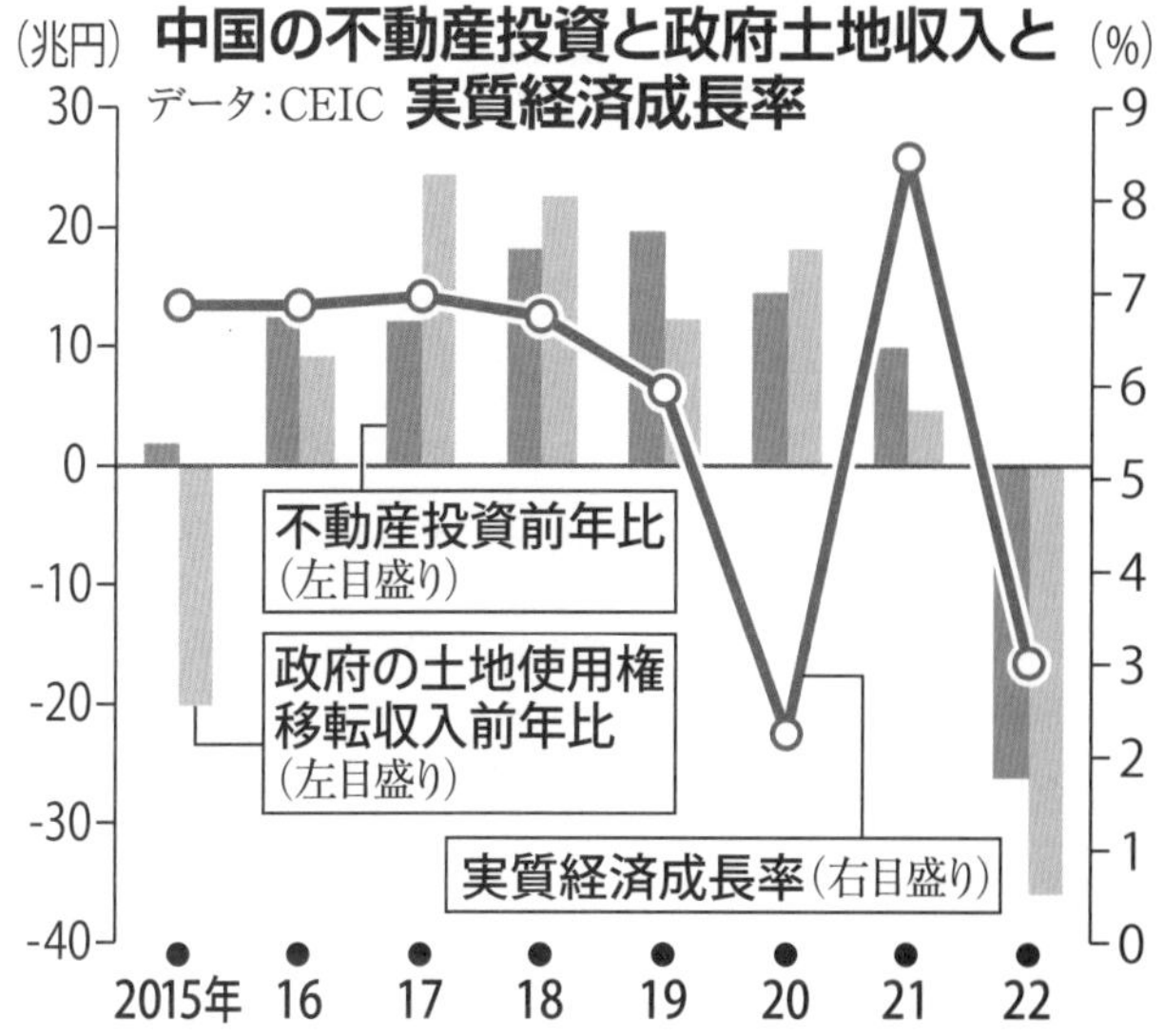

前述のように、中国の国内総生産（ＧＤＰ）に占める総固定資本形成（土地の上に立つ構造物投資のこと）の比率は５割近い。固定資本の主柱が住宅に代表される不動産投資で、ＧＤＰ比は１割程度だが、関連需要を含めると約３割にもなる。

２０２２年の不動産投資は前年比約28兆円減の10％減だ。ＧＤＰには３％の下落圧力がかかった。

家計消費はゼロコロナ政策で低迷を続けた。輸出が好調だったとはいえ、ＧＤＰを押し上げる割合は１％に満たない。それでも22年に実質3％の成長をとげたとは信じがたい。不動産投資減を勘案するとマイナス成長になっておかしくはなかった。

2023年も不動産市況低迷が続く限り、中国はゼロ％前後の低成長局面から抜けられそうにない。

日本経済新聞などは習政権が景気回復のために財政支出を拡大すると報じている。それもまた根拠が怪しい。中国政府の財政収入もやはり不動産依存なのである。グラフを見よう。これは不動産投資、政府の土地使用権移転収入の各前年比増減額（兆円換算額）と実質経済成長率を組み合わせている。

「土地は公有制で人民のもの」との建前の「共産主義」中国の場合、個人地主はいないが、所有権は地方政府にある。地方政府を支配する党官僚はそれを根拠に土地の使用権を移転（販売）することで財政収入を得る。

政府の全財政収入に占める土地使用権収入の割合は2021年40％、2022年29％に上った。不動産関連諸税、不動産開発で生み出される企業収益や個人所得への課税を合わせると、中国財政はまさに不動産によって支えられていると見てよいだろう。

中国金融もまた不動産開発関連融資、住宅ローン頼みである。

そうみると、中国経済は不動産本位である。

肝心の不動産はバブル崩壊が進行中だ。

バブル崩壊とは、最終的には金融機関の不良債権膨張、信用崩壊へと続く。なのに中央政府、地方政府が思い切った財政出動に踏み切れるはずはないだろう。

「デジタル人民元が怖い」（2023年5月19日）

中国からの資本逃避が急増する気配になってきた。背景には、習近平政権が押し進めるデジタル人民元がある。

あらゆる資金取引はデジタル情報化され、中国人民銀行を通じて監視当局に逐次把握される。そうなると、資産隠しや海外への持ち出しも禁止されかねない。富裕層を筆頭に今のうちに資産ごと海外に持ち出そうと躍起になっている。

知り合いの在日中国人Aさんは、30年以上日本に住むセレブである。そのAさんは最近、出身地の上海の富裕層の友人数人から同じ相談を受けている。東京都心で一戸3億～5億円もする超豪華マンションを購入したいという。そんな話は珍しくはなくなっているが、動機は「デジタル人民元社会が怖いからだ」という。

今のうちにできる限り、日本など海外に金融資産を移す。中国からの送金は1人当たり5万ドル（約690万円）が限度なのだが、海外で設立以来10年以上の事業実績

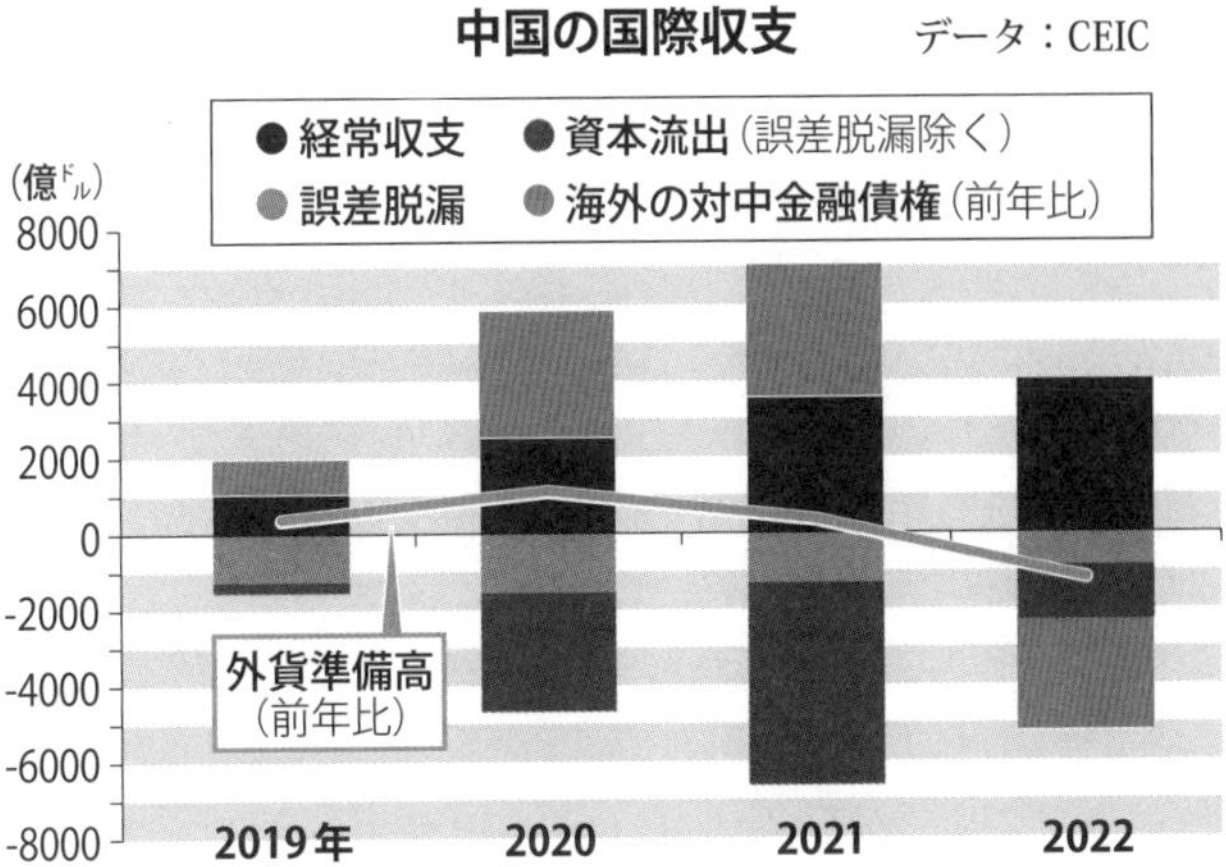

のある法人と取引すればもっと大口の資金を動かせるので、日本でビジネス・パートナーを確保したい、という。

われわれ庶民の感覚では、「やれやれ、中国の金持ちはいろいろと考えるものだ、ご苦労さん」としか言いようがない。が、Aさんは「だって、資産や資金取引が当局に把握されるだけでも恐怖なんですよ。いつ凍結、没収されるかもわからないんだから」と真剣だ。

そもそもカネというのは現金なら匿名性があるので安全だ。以前に、当局が不正蓄財した中国共産党幹部保有のマンションの一室に踏み込んだら、その部屋には現金が充満していたという。現金が不便なら、金《きん》など貴金属という手もあるので、中国では金への人気が根強い。一番、安全なのは習政権のコントロールが及ばない海外への持ち出しだ。

人民元がデジタル化されると、その持ち主や移動などの情報が金額数値とともに、デジタル通貨を発行する中国人民銀行のデータセンターに送られる。人工知能（AI）を使って市民を常時監視する術がお手の物の党独裁国家中国では、デジタル人民元導入でより完璧に個人を見張ることができるようになるのだ。ことに富裕になればなるほど、心配になるのだろう。

カネは人とともに動く。富裕層の海外移住は、22年12月に習政権のゼロコロナ政策が打ち切られて以降、加速している。この背景について、西側メディアは3期目に入った習政権が「共同富裕」路線を進めるなど支配体制を一層強めたことを挙げる。それに加えて、22年2月の北京冬季五輪でデジタル人民元を試験導入して以来、試験対象を多くの地域に広げていることが、富裕層をパニックに陥らせている。

グラフは中国の国際収支動向である。21年には5300億ドルに上った資本流出は22年、新型コロナウイルス感染拡大に伴う渡航制限もあって1400億ドルに縮小したが、23年は急増が必至だ。おまけに海外からの対中投資も低迷している。習政権は深刻な外貨難に陥りそうだ。

中国の外貨準備は借り入れ

（2023年6月9日）

中国の習近平党総書記（国家主席）が、2014年から推進している拡大中華経済圏構想「一帯一路」は現代版「陸と海のシルクロード」だとか、第2次大戦後の米国主導の復興計画「マーシャル・プラン」になぞらえられ、日本のメディアは称賛してきた。

中国側統計によると、14年から22年までの9年間に完成したプロジェクトは合計で7481億ドルに上る。いかにも巨額の経済協力のようにみえるが、プロジェクトは中国企業が受注し、中国の設計、資材、労働者、さらにファイナンスまで中国勢で完結する。従って、中国国内での建設事業と大差ない。アフリカなどに送り出された中国人労働者はそのまま現地に居着いてチャイナタウンをつくることが多いので、事実上の植民政策である。金融面では外貨ではなく、人民元のやりとりで済む。ところが、プロジェクトを発注した現地政府は外貨で対中債務を払う約束になっている。

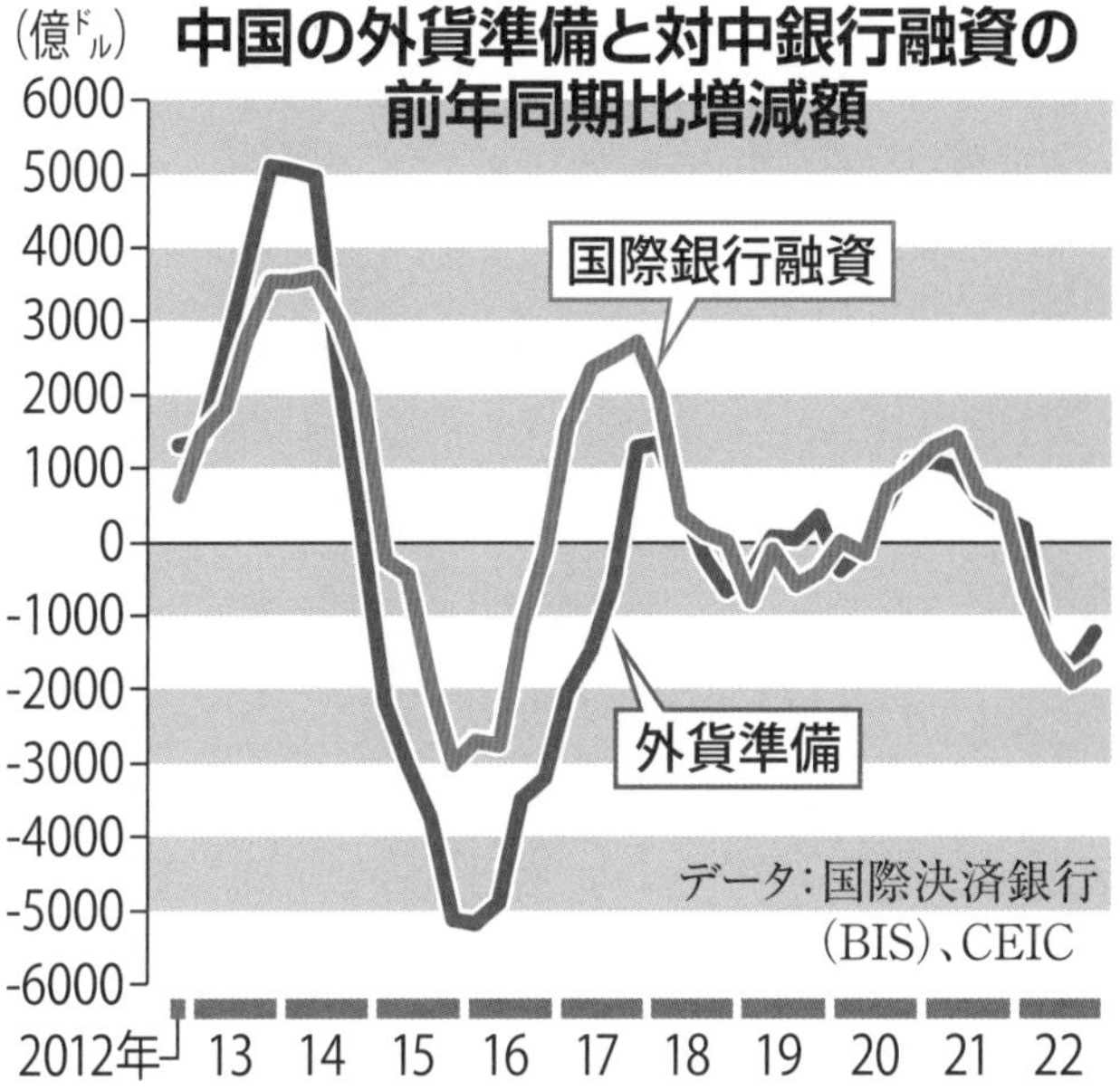

つまり、一帯一路とは、中国の企業と銀行の収益を確保し、中国製の資材や製品を輸出し、中国人雇用を促進する中国のためのプロジェクトであり、同時に貴重な外貨を獲得する国策なのだ。

中国からドル建て債務を押し付けられている一帯一路沿線国・地域は相次いで債務返済が一層苦しくなった。米国の調査機関ロジウム社の統計によると、20年から23年3月末の間で中国の世界へのインフラ関係の融資のうち約785億ドルが返済難に陥り、再交渉または償却を余儀なくされたという。返済難に陥っている国はベラルーシ、レバノン、ガーナ、スリランカ、ザンビア、アルゼンチン、エクアドル、スリナム、ウクライナの9カ国だ。救済額は19年から21年末までで1040億ドルに達しており、22年以降さらに増え続けている。習政権は返済不履行になったスリランカに対し、中国側が建設した港湾の利用権を99年間も提供させた。それは「債務の罠《わな》」と呼ばれ、西側から非難される。

そもそも人民元資金での支払い分まで、外貨すなわちドルに置き換えて、現地政府に返済させる仕組みに問題がある。いや、中国は世界最大の外貨準備という「資力」を持っているのだから、相手国から厳しく外貨を取りたてることはないという向きもあるだろうが、とんだ誤解である。習近平政権の外貨事情は実のところ火の車である。

外準は人民銀行による人民元資金発行の原資になっている。外準が減ると、中国経済が貧血症状を起こす。そこで、中国は急激な勢いで、国際金融市場から借り入れを増やす。この傾向は23年にいたるまで、少しも変わらない。

グラフは、外準と海外の銀行からの借り入れの増減額の推移である。14年9月末には、外準の増加額を借入額が上回って以来、その差額は広がった。19年初めからは外準の増減額は海外の銀行による対中融資増減とほぼ一致している。中国の外準は見かけこそ世界最大で3兆ドルを超える「巨額」なのだが、海外からの借り入れによって支えられているに過ぎないのだ。

「デフレ中国」の実態（2023年6月30日）

2023年1～3月期の中国の国内総生産（GDP）は公式統計上、前年同期比で実質4・5％の伸びだが、実態はかなり深刻だ。都市部の若者（16～24歳）の失業率は22年12月の16・7％から月を追うごとに上昇し、5月は20・8％と5人のうち1人以上が失業中だ。ソーシャル・ネットワーキング・サービス（SNS）のチャットは若者たちの悲鳴の声にあふれている。

国内の需給関係を忠実に反映するインフレ指標であるコア消費者物価（エネルギーと食料を除く）の12カ月平均上昇率は21年は0・8％、22年は0・9％台で、23年5月は0・6％台に下がった。

対照的に、もともと長期の慢性デフレから抜け出せないままの日本のコア物価12カ月平均は22年4月以降上昇が続き、5月の前年同月比上昇率は4・3％に達した。中国では今や日本の程度以上にデフレ圧力がかかっていると見てよい。

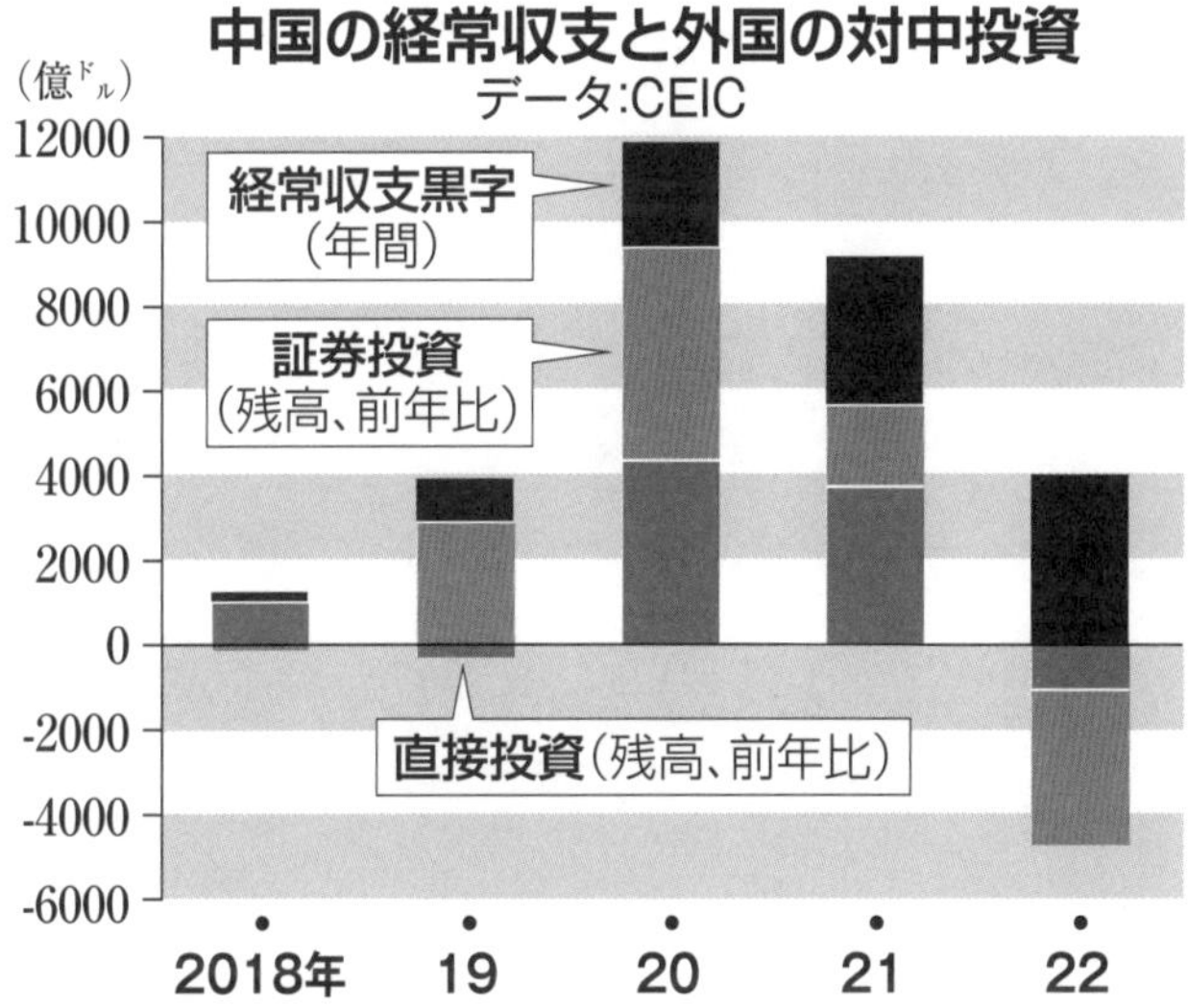

デフレ圧力のもとでは事業者はコスト上昇分を販売価格に十分転嫁できない。だから新規雇用は控えられ、賃金も下がる。

デフレ圧力から抜け出すための定石は金融緩和と財政出動だが、中国人民銀行の資金供給量は２０２３年６月時点でも前年同期比で６％台増にとどめている。２００８年９月のリーマン・ショック時に30％を優に超えたのと比べるとささやかだ。金利のほうは６月20日に住宅ローン金利を０・１％下げて４・２％とした程度である。

これまでの習近平政権10年の国

内総生産（ＧＤＰ）は不動産ブームに支えられてきたが、不動産投資は住宅価格の下落を受けて２０２２年は前年比10％のマイナスになった。ところが人民銀行の金融緩和は量、金利ともじつにしょぼいのだ。

元凶は中国特有の通貨金融制度にある。中国の外貨準備（外準）は人民元資金発行の裏付け資産である。リーマン後は人民元発行残高のドル換算額に比べ外準の比率が１００％を超えていたが、今は６割ぎりぎりまで下がっている。金利を大幅に引き下げると大規模な人民元売りを招き、外準を取り崩して買い支えるしかない。外準が減ると、人民銀行は金融緩和どころではない。

他方で、土地使用権販売収入が全収入の８割前後を占める地方政府財政難が深刻だ。地方債発行には人民銀行による量的緩和が欠かせない。これも外準の制約を受ける。習政策は八方ふさがりである。

解はただ一つ。外準を増やすことだ。

そのためには経常収支黒字と対外負債を増やすしかないが、経常収支黒字の大半を占める貿易黒字増は現状維持がやっとである。残るは、対外負債、すなわち外国企業からの直接投資と機関投資家からの証券投資だが、22年末の残高は前年比で合計４７

50億ドル減った。資本流出は22年の経常収支黒字約4000億ドルでは穴埋めできず、外準は減る（グラフ参照）。

習氏は先に訪中したブリンケン米国務長官を「格下」扱いして会ったが、虚勢であろう。実際には頭を下げてでも対米関係好転を図らなければ、外国の対中投資復活の糸口は見いだせないはずだ。岸田文雄首相も対中対話を急ぐべきではない。

不動産投資と若者の失業率

（2023年7月21日）

「中国は必要な景気刺激策をためらうな」とは2023年7月18日付の日本経済新聞朝刊の社説見出しである。

平成バブル崩壊後、25年以上も慢性デフレが続いてきた自国（日本）に関しては、ことあるごとに緊縮財政や消費税増税を求める一方で、「構造改革」を勧奨してきた日経が、こと中国に関しては財政出動の重要性を説くのには少なからず驚かされた。中国経済の不動産バブル崩壊不況が長期化すれば、世界や日本の景気にも悪影響が出かねないとの懸念は日経に限らないのだが、かの習近平独裁政権には無理スジもよいところだ。

中国の経済不振の原因はその特異な構造にある。習政権は共産党がカネと土地を支配する仕組みに極度に依存し、不動産開発主導で国内総生産（GDP）を押し上げてきた。上海など大都市圏の中間層は貯蓄代わりに2軒目、3軒目のマンションを購入

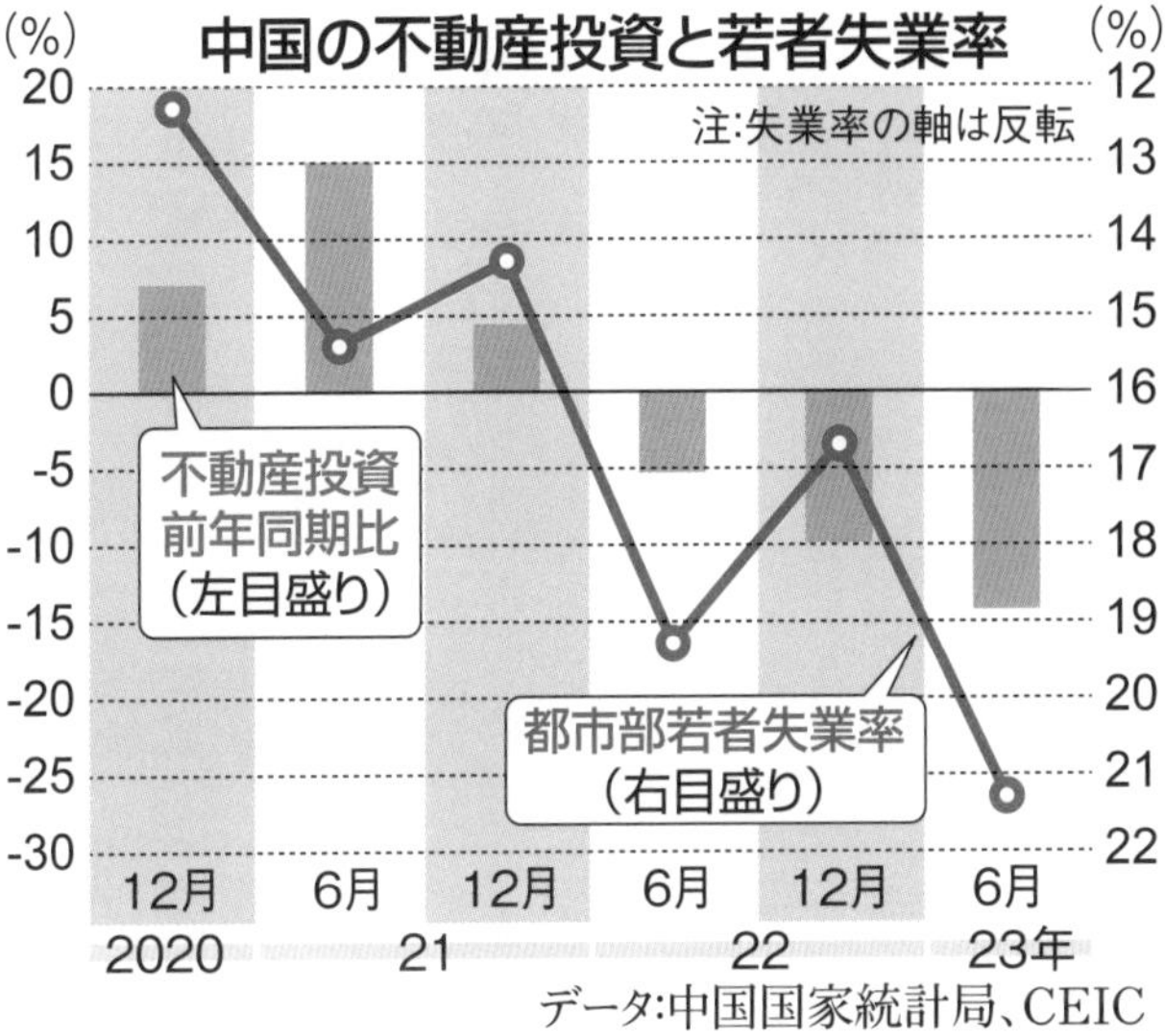

し、値上がりを期待する。これまでにも何度も、住宅相場値下がりの局面はあったが低迷は数カ月間にとどまり、反転してきた。政府のテコ入れ策が効いたのだ。不動産神話は揺るぎないと思われた。

ところが、今回は違う。値下がりを実勢よりも低く見積もりがちな中国国家統計を見ても、住宅需給を反映する中古住宅相場は２０２１年初めをピークに不振が続き、23年5月時点でもピーク時より２割も低い。巨額の債務超過に陥った不動産大手、中国恒大集団は時間経過とともに評価損が膨らんでいる。

中国各地の都市に林立する高層マンション群は供給過剰なのだ。しかも、日本より10年ほど遅れて進行する人口構成の高齢化を背景に、今後マンション需要が好転する見込みはゼロだ。売り手が大幅値下げしても、買い手はもっと下がると見込んで買い控えるという悪循環に陥っている。それは平成バブル崩壊後の日本を彷彿《ほうふつ》させるのに十分だ。

バブル崩壊不況対策は金融と財政の両面からの需要喚起に尽きるが、中国の場合、いずれも限界がある。大幅利下げすると資本流出が急増し、人民元が暴落しかねない。外国企業や投資家は22年３月以降、対中投資を引き揚げつつあり、人民元を買い支えるために必要な外貨は不足している。

中国の財政出動は地方政府主導だが、地方政府の財政収入の７、８割が土地使用権の販売収入による。不動産相場と不動産開発が不振を極めている中では地方債を増発するしかないが、買い手は少ない。ならば、中央政府が国債を増発するしかないが、そのためには中国人民銀行がまず、市場で国債を買い上げる量的緩和策をとることが前提になる。ところが、経済学者出身の易鋼人民銀行総裁（在任は２０１８年３月〜

2023年7月）は慎重だった。外貨の裏付けなしの資金発行は人民元の信用を損ない、人民元安と資本逃避を引き起こしかねないからだ。

グラフは不動産投資と都市部若者（16～24歳）の失業率を6カ月単位で追っている。失業率は軸を反転させており、両者の連動ぶりがよく見えるようにした。このトレンドを止める決め手は見当たらない。

徹底的な情報の操作と粉飾、隠蔽（2023年9月15日）

中国のノンバンク最大手、中植企業集団とその傘下の中融国際信託の支払い中断問題は、なぜか中国の新聞やテレビが一切報じない。それに日本のメディアで2023年8月初めに問題が表面化する前から追跡し続けてきたのは筆者だけだが、なぜだろうか。

中国に多くの駐在記者を張り付けている日本経済新聞が取り上げるのはもっぱら恒大集団や碧桂園という中国大手不動産の経営危機のみである。それは不動産バブル崩壊の皮相をなぞらえているのに過ぎない。バブル崩壊というのは、金融に波及したときに初めて経済危機に発展する。不動産開発業者の負債が膨らんだだけで、中国経済が根底から揺らぐはずはない。習近平政権はそんなことはとっくに計算済みなのだろう。金融監督当局は上記2社に対し債務の支払いを数年間延期させるよう指導し、債券市場を落ち着かせることに成功しつつある。そして2社は、まるで何も起きていな

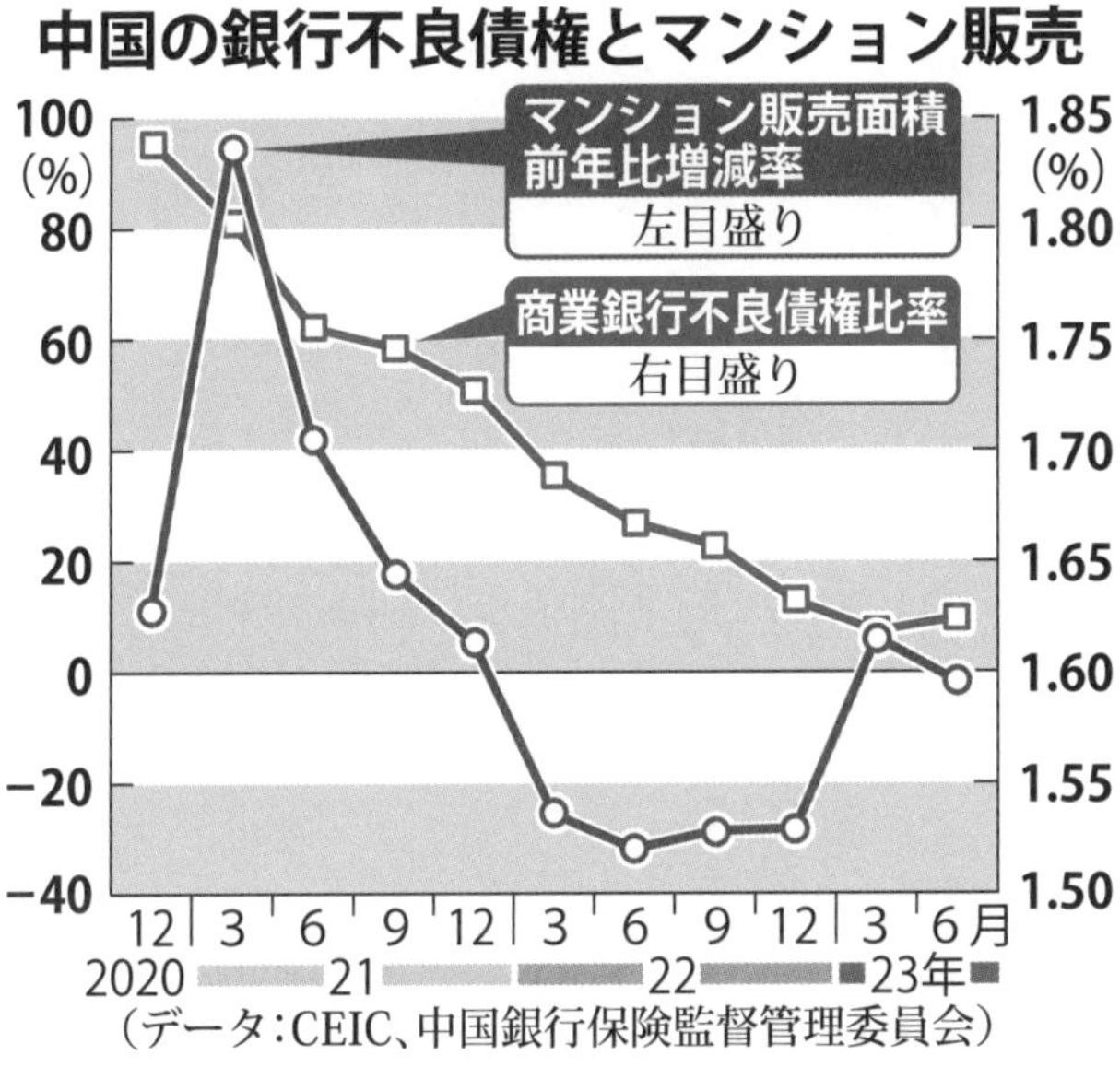

（データ：CEIC、中国銀行保険監督管理委員会）

いかのように、従来通りマンションを建設し、販売している（注／恒大集団の創業者は23年９月に公安当局に拘束され、碧桂園は同10月に債務不履行［デフォルト］の国際判定を受けたが、事業は従来通り継続中）。

だが、金融部門だとそんな「騙し」は通用しない。金融機関は銀行、ノンバンクを問わず、債務超過に陥り、債権者に元利返済や配当を支払えなくなれば、信用を失う。そんな金融機関からは資金が流出する一方で、調達は不可能なので経営破綻する。不動産バブル崩壊が背景にあるのだから、1社が焦げ付きを引き起こすと、ただちに全金融界に波及しかねない。これが金融危機である。

中植グループらノンバンク系金融機関の資産総額は日本円で約2700兆円、同国の国内総生産（GDP）を超すが、多くが巨額の損失を抱えている。だから、中植・中融問題は金融危機を誘発しかねない時限爆弾なのである。

習近平政権が選ぶ対処方法は報道管制を含む徹底的な情報隠しである。北京、上海など主要都市の中植・中融のオフィスビルには、連日のように投資家の主婦や零細企業経営者などが押しかけるが、各地の公安警察部隊がただちに出動し、退去しない投資家を排除する。公安はネットで連絡を取り合う全国で15万人以上に上る投資家一人ひとりの個人情報を掌握。24時間態勢で動静を監視し、深夜、早朝を問わず投資家宅に押し入るという。

習政権はこの十年超の期間、何度も不動産市況が急落しても、金融危機の発生を阻止した。秘訣は徹底的な情報の操作と粉飾、隠蔽にある。焦げ付き債権の多くは「不良債権」には分類しない。金融規制当局などのデータによれば、商業銀行の不良債権比率は奇妙なことに不動産バブル崩壊進行とともに下がっている。グラフがそれだ。全商業銀行の不良債権比率は2023年6月1・6％で、バブル崩壊前の20年9月の1・9％を下回る。

今回はその手が通用しそうにない。習政権は住宅ローンの頭金比率の引き下げや、2軒目、3軒目のマンション購入への規制緩和などに踏み切ると国内外のメディアに書かせるが、市民は冷めている。住宅の供給過剰とデフレ圧力のもと、不動産相場が再浮揚する気配はないのだ。

第2章　中国経済の逆回転が始まった

首吊り・ビル飛び降り・投獄・自殺頻発

（2023年9月1日）

不動産バブル崩壊が深刻化する中国では、地方の共産党幹部や政府幹部の自殺が相次いでいる。習近平政権は人民元の信用喪失を恐れて思い切った金融の量的拡大によ る不動産テコ入れ策がとれないが、そのかわりに市民の不満をそらそうと、バブルに乗じて不正蓄財してきた者たちの摘発攻勢を強めていることが背景にあるようだ。

中国国内で流れるネット情報によると、山東省中部の濰坊市では副市長1人が首吊り、他の副市長と市の元党副書記ら計4人が投獄された。ビルからの飛び降り自殺（未遂を含む）は、上海に近い江蘇省無錫市党副書記▽青海省の西モンゴル・チベット自治州の党委員会書記▽江西省宜春市党書記▽天津市津南区党書記▽河北省興隆県国土局書記局長▽内モンゴル自治区アロン旗地区の党書記▽山東省徳州市副市長の7人。8月28日にも白シャツの中年男が北京の高層ビル中ほどの階から下の植栽地めがけて飛び込む一部始終を、通行人がスマホのカメラで撮影したショッキングな映像が

中国の住宅着工とマンション販売の推移

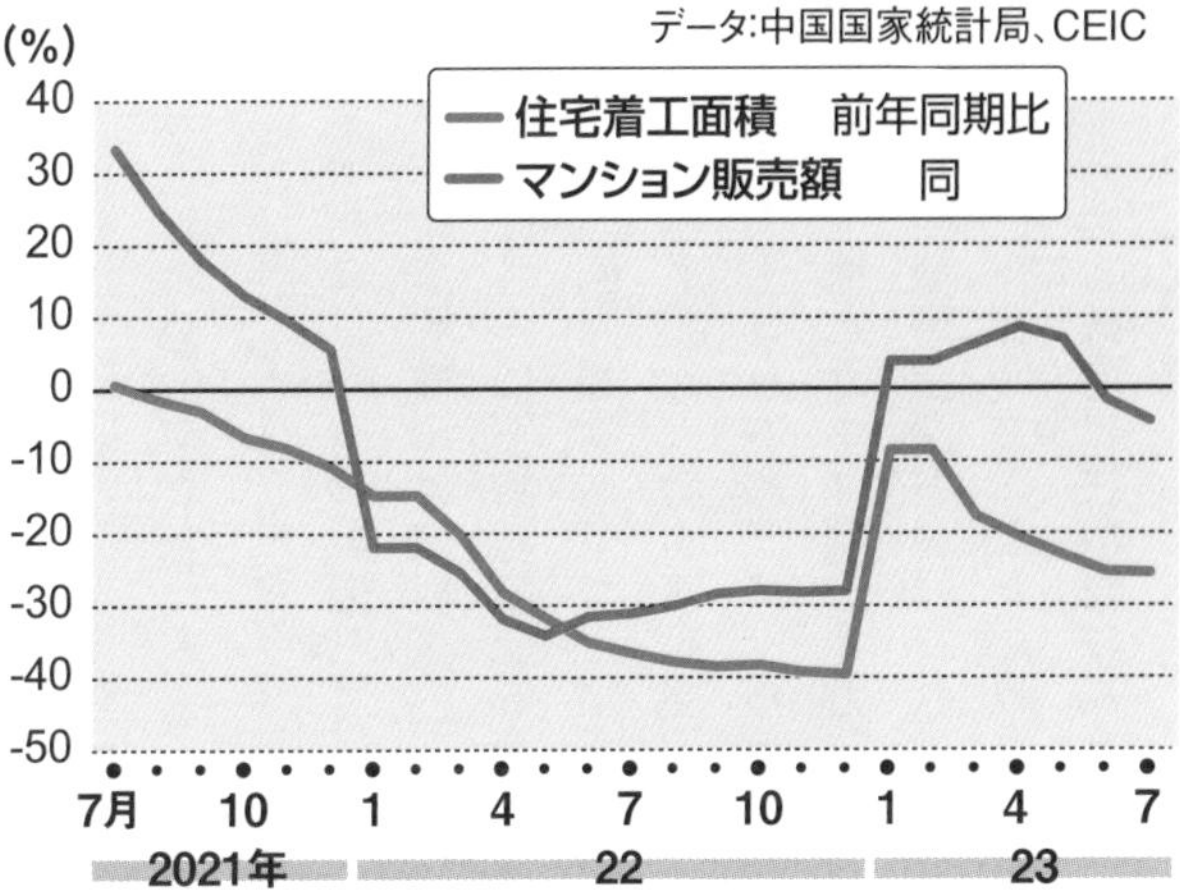

チャットアプリの「微信」（ウィーチャット）で流れた。

上記の自殺・投獄計12人の氏名、肩書とも明記されているが、中国の公安警察が公表しない「未確認情報」だ。日時は「最近」にとどめて自殺や投獄の理由については言及していない。だが、情報が具体的であることや、不動産バブル崩壊が進行している時期に利権を持つ幹部が投獄されたり、自殺したりしている背景を考えると、信憑《しんぴょう》性は高いとみる。

グラフは住宅着工とマンション販売の前年同期比増減率である。22年末に底を打ったかのように見えたものの、

23年には再び下落がひどくなっていることがわかる。

なぜ、党や地方政府幹部が不動産バブル崩壊に大きな関わりを持つのか。根源は中国特有の土地の公的所有制にある。「土地は人民のもの」という共産主義の建前のもと、「人民」を代表する共産党が支配する地方政府が所有し、地方政府はその利用権を不動産デベロッパーに販売してきた。地方政府の財政収入のうち土地利用権の販売収入がバブル崩壊前には全収入の7割以上に上った。

地方政府はさらに不動産開発資金調達と開発事業を兼ねる別組織「融資平台」を設立してきた。国際通貨基金（ＩＭＦ）の推計によれば、融資平台の債務総額は２０１3年6月には7兆元（約１４０兆円）だったが、バブルとともに膨張を続け22年末、59兆元（約１１８０兆円）に上ると見込まれている。

これらの土地とカネは党や地方政府の幹部たちの格好の利権になり、不動産の相場が上昇し、開発事業が活発になればなるほど、不正蓄財が膨らむ。ところが、バブルがはじけると肝心のマンション販売は落ち込み、融資平台はたちまちのうちに債務超過に陥り、地方政府は財政難にあえぐことになる。すると、党規律委員会などによる責任者への追及が厳しくなる。

追及を受ける既得権益者たちには二つの道がある。まずは、「死人に口なし」。死して蓄財情報を隠し通して接収を免れ、残った身内に遺産として残す。資産の多くは香港経由で海外に移転済みだ。それとも、否定しきれない分の不正蓄財を差し出し、監獄での刑期を短くするよう当局に懇願するか、である。

台湾有事で習主席は破滅

（2022年8月6日）

中国景気再浮揚のメドが立たない。牽引《けんいん》役の不動産開発が住宅バブル崩壊とともに沈む。金融の量的拡大が欠かせないが、人民元発行の裏付けとなる外貨準備が増えないので無理だ。焦る習近平国家主席は、対台湾強硬路線にぐっと傾く。

中国発スマホアプリ、「WeChat」搭載のショートムービーが2022年8月2日夜、中国の若者を熱狂させた。米下院のペロシ議長がマレーシアを出発して、台北に向かう米要人輸送用フライト「SPAR19」と、それを追尾する中国軍の機影をリアルタイムで放映、SPAR19を撃ち落とせとあおったのも同然だ。中国の都市部、16～24歳の平均失業率は上昇を続け、22年6月は19・3％にもなる。不満のはけ口は外に向かいやすい。

グラフを見よう。中国の景気動向を示す3カ月ごとの国内総生産（GDP、実質ベース）、不動産開発投資、住宅価格（全国ベース）、セメント生産量（各期末までの

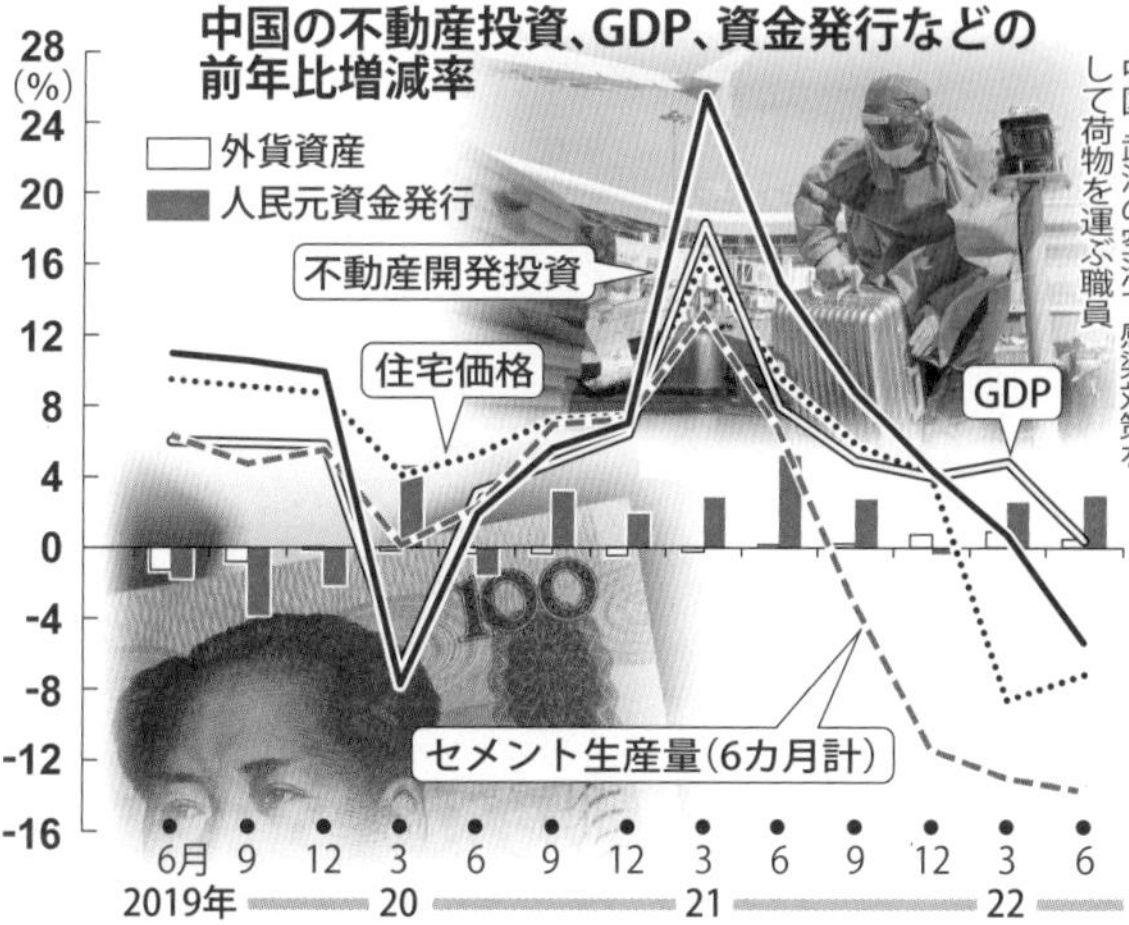

中国・武漢の空港で感染対策をして荷物を運ぶ職員

（データ・CEIC、中国国家統計局。写真・ロイター）

6カ月合計）と、中国人民銀行の外貨資産および人民元発行高の前年同期比増減率を重ね合わせている。景気関連の四つの指標が重なるように振れている。中国経済特有の現象である。

　中国の土地は「人民所有」という建前のもとに、人民を代表する共産党員が支配する地方政府が配分権を行使し、所有権を不動産デベロッパーに販売する。共産党官僚は発券銀行である中国人民銀行と国有商業銀行の要職を占め、カネの発行と配分も支配する。

　地方政府は不動産開発資金調達と融資のための機関「融資平台」を運営する。要するに、土地もカネも党がすべてを仕切るのだから、経済を「成長」させようとすれば簡単である。共産党の強権のもと、山林原野、農地、旧市街地、墓地をも含むあらゆる用地をブルドーザーで平らにし、あとはセメントを使った構造物、すなわち固定資産を建設すればよい。カネは党指令でふんだんに流れてくるはずだ。

中国の固定資産投資は長年、GDPの4割以上を占めている。ちなみに日本は25%前後、米国は18%程度、欧州は二十数%の水準で推移している。中国の固定資産依存は突出している。固定資産投資にはマンションや商業ビルばかりでなく、工場など産業設備のほか、高速道路、空港などのインフラも含まれる。中国のインフラ整備はかなり進み、最近数年間は不動産開発投資が主役になっており、GDPを牽引してきた。

中国は党がその気になればいくらでも人民元を刷って、不動産投資主導で高度経済成長を続けられると思わせるが、もはやそんな時代は過ぎた。

グラフの住宅価格の下落が示すように、住宅バブル崩壊同然の状況にある。上海など主要都市の多くの中間層は2軒目、3軒目のマンションを購入済みだ。年金など社会保障に不安がある中で、中間層の多くは不動産資産で富を蓄えようとする。しかも、中国の高齢化は猛スピードで進む。退職年齢60歳以上の層の15～59歳の現役世代比率は２０２１年で３・４人、10年前の５・１人から急減し、27年には２人以下になりそうな情勢だ。現役世代の縮小とともに新規住宅需要も減り続けるだろう。

もっと致命的な問題がある。人民元の財政・金融だ。李克強首相（23年10月死去）は22年７月19日、世界経済フォーラムのオンライン会合で「高すぎる成長目標のために、大型の景気刺激策や過剰に通貨を供給する政策を実施することはない」と言明した。実質経済成長率はグラフにある通り、22年４〜６月期は前年比で０・４％に落ち込み、22年の成長率目標５・５％前後の達成は困難だ。党中央は前年末に成長率目標を決めて、翌年の全国人民代表大会で政府方針として採択し、あとはカネを動員して目標達成というパターンだったが、李氏はそうしない。したくてもできない事情があるからだ。

何度か指摘したように、中国の資金発行は人民銀行の外貨資産（外貨準備に相当）に依拠している。グラフが示すように、外貨はほとんど増えていない。人民元発行も従って抑制せざるをえない。中国は足りない外準を増やそうと外国からの証券投資を呼び込むのに躍起となっているが、ロシアのウクライナ侵略以降、外国投資家の対中投資は細っている。また、中国軍が台湾侵攻すれば、米国は対中金融制裁に踏み切り、中国に外貨は入らなくなるだろう。

本グラフは中国経済の長期停滞と同時に、台湾有事が習氏自身の破滅になることを示唆している。

バブル崩壊対応の米中比較（２０２２年８月20日）

中国経済が成長できなくなったことを前に述べた。元凶は住宅バブルの崩壊である。２００８年９月のリーマン・ショックを想起させるが、引き金となった米住宅相場は短期間のうちに落ち着きを取り戻し、米国は平成バブル後の日本経済のような「長期空白」を免れた。中国の場合はどうか。

結論から先に言うと、中国経済は立ち直るメドが立ちそうにない、である。中国は金融政策が極めて硬直的で、バブル崩壊への対応が困難だからである。

グラフは、リーマン・ショック以降７年間の米国の住宅相場と米連邦準備制度理事会（ＦＲＢ）による資金発行と、15年９月以降、最近までの７年間の中国の住宅相場と中国人民銀行の資金発行について、起点を１００の指数にして推移を追って比較している。

まずは米国。07年に始まった住宅価格下落は続くが、緩やかである。そして12年初めには底を打って再上昇し始めた。この間すさまじい勢いで増加したのはＦＲＢによる資金発行量である。上記の間に２・６倍以上、そして21年8月には４・５倍近くまで膨らんだ。住宅価格はそれに引きずられる形で上昇軌道を描いている。ドル資金の大量発行は量的緩和政策と呼ばれ、３度に分けて実施された。

最初は住宅バブル崩壊とともに紙くず同然になりかけた住宅抵当証券を金融市場で重点的に買い上げ、資金を投入し、住宅相場が安定し出すと、米国債大量購入に切り替え、市場への資金供給を増やしてきた。

指揮した当時のバーナンキＦＲＢ議長は平成バブル崩壊時の日銀の金融政策の失敗の教訓から学んだ。日銀は１９９０年初めから株価急落が止まらなくなっても、金利引き上げと金融の量的引き締めを続けた。不動産相場の上昇が止まらなかったことが背景にある。政府も91年5月に地価税法を施行した。日銀資金発行量は91年秋以降は前年比マイナスにまで落ち込み、地価暴落を導いた。バブル崩壊の中、景気は急降下するが、日銀はそれでも量的拡大に慎重で、93年や94年でも資金発行残高は前年比数％程度の伸びだった。

ＦＲＢは２０００年代初め、平成バブルの綿密な分析を行った。得た結論は、バブ

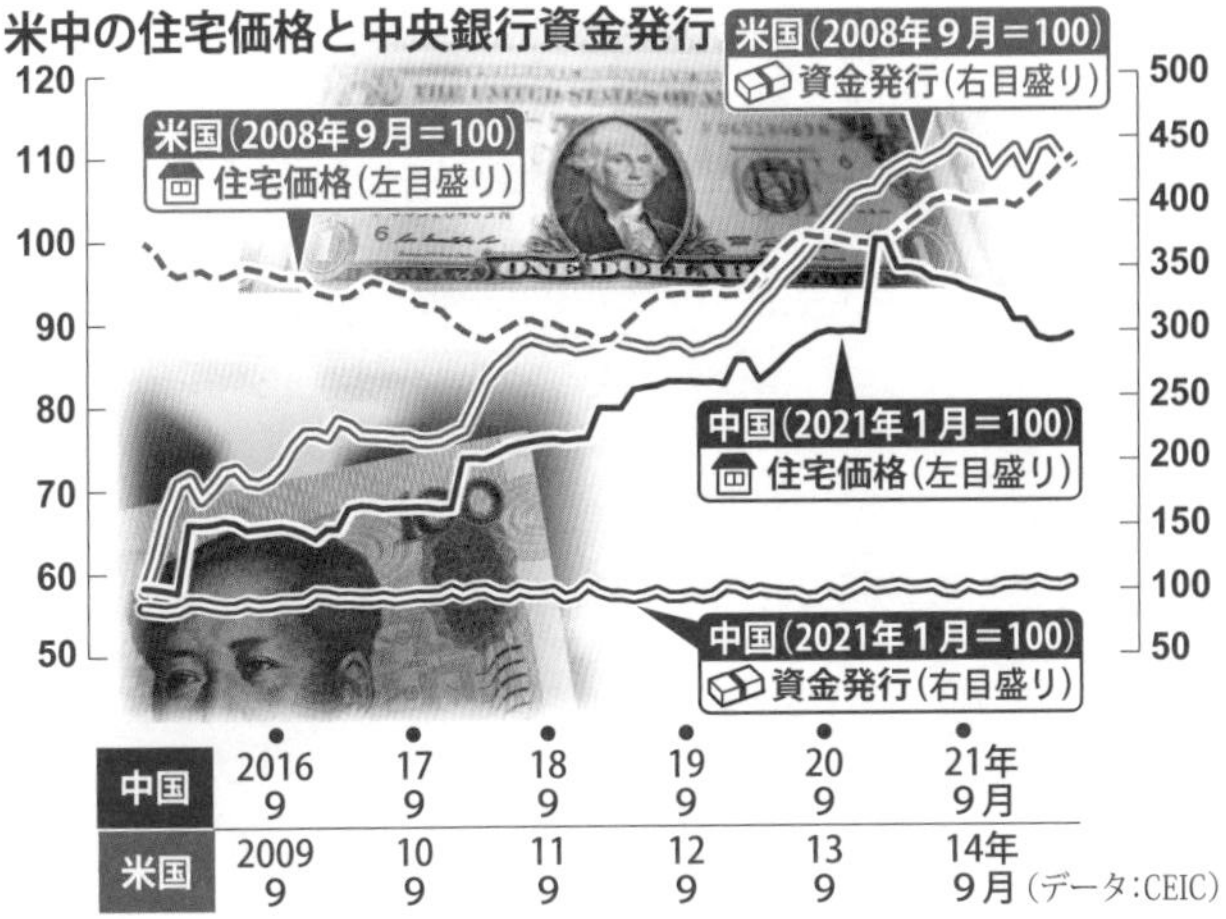

ルは金融市場特有の現象であり、崩壊するまではバブルと判断する基準はない、崩壊後の金融政策が日本のような慢性的デフレ不況を回避する鍵になる、というものだった。バーナンキ氏は前代未聞の大規模な量的緩和によって日本の二の舞いを避けたわけである。

さて、中国はどうなっているのか。

中国当局のエコノミストたちはもちろん、平成バブル崩壊後の日本の失敗の教訓も、リーマン後のＦＲＢの果敢な量的緩和政策の効果も知らないはずはない。かれらは折に触れて日米当局のエコノミストから情報を聞き出していた。

しかし、である。グラフの中国の部を見ると、中国人民銀行の資金発行量は、2021年初めをピークに住宅相場が下がり始めても従来通り横ばいのようだ。これはもちろん座標軸の単位を米資金発行に合わせているからそう見える面もある。では増減率をみると、21年1月に比べ、21年6月は5・5%に過ぎない、実にしょぼいのだ。前述の平成バブル崩壊後の日銀と変わらないではないか。

住宅相場が下落し始めて1年半程度だから、人民銀行が思い直して、大規模な量的緩和路線に修正する、との見方もあるかもしれない。確かに、カネの創出と流れを支配して実権を握るのは共産党中央なのだから、習近平党総書記・国家主席の鶴の一声で、人民元資金を大量発行し、国有商業銀行や地方政府の不動産融資機関に投入し、住宅市場をてこ入れしてもおかしくない。だが、不可能である。

拙論が一貫して述べてきたように、中国人民銀行は手元の外貨資産に応じて人民元資金を発行している。外貨資産が増えない限り、資金発行は制限されるというのが中国特有の金融制度なのだ。外貨すなわちドルの裏付けがないと人民元の通貨価値が失われ、高インフレを招きかねないとの懸念が党中央にあるからだ。1989年6月の天安門事件の背景には高インフレがあり、それを引き起こした元凶は外貨とは無関係の人民元増発だった。

住宅相場と中国の経済成長率が連動することは前述したが、金融政策は住宅市場の安定に向け動けない。中国経済回復の見通しは立たないのだ。

数字が語る習近平政権10年の真実
（2022年10月23日）

習政権の迷走を象徴するのが、「情報隠し」である。中国国家統計局は党大会最中の2022年10月18日に予定されていた7～9月期の国内総生産（GDP）の公表を、予定時刻のわずか数時間前に理由説明もなく中止した。数日前には、税関当局が月次貿易データ発表を説明なしに取りやめた。中国のGDPデータについては、李克強首相（23年10月死去）が遼寧省のトップだった2007年当時、「GDPは人為的に操作されており、私は信用しない」旨、米国の駐中国大使に打ち明けたことが、内部告発サイト「ウィキリークス」がばらした米大使の本国向け公電に書かれていた。

統計については党大会ごとに人事の流れが決まる各地の党官僚が実績を誇示するために水増しすることが常習だ。党機関紙「人民日報」は16年12月に地方が中央に上げるデータの改竄《かいざん》を糾弾した。すると地方政府がデータの公表をやめる例が続出した。今回は中央政府自体が統計開示に後ろ向きになった。「ここ1年で中国の統計局や民

習近平政権10年間の主要中国経済指標の推移

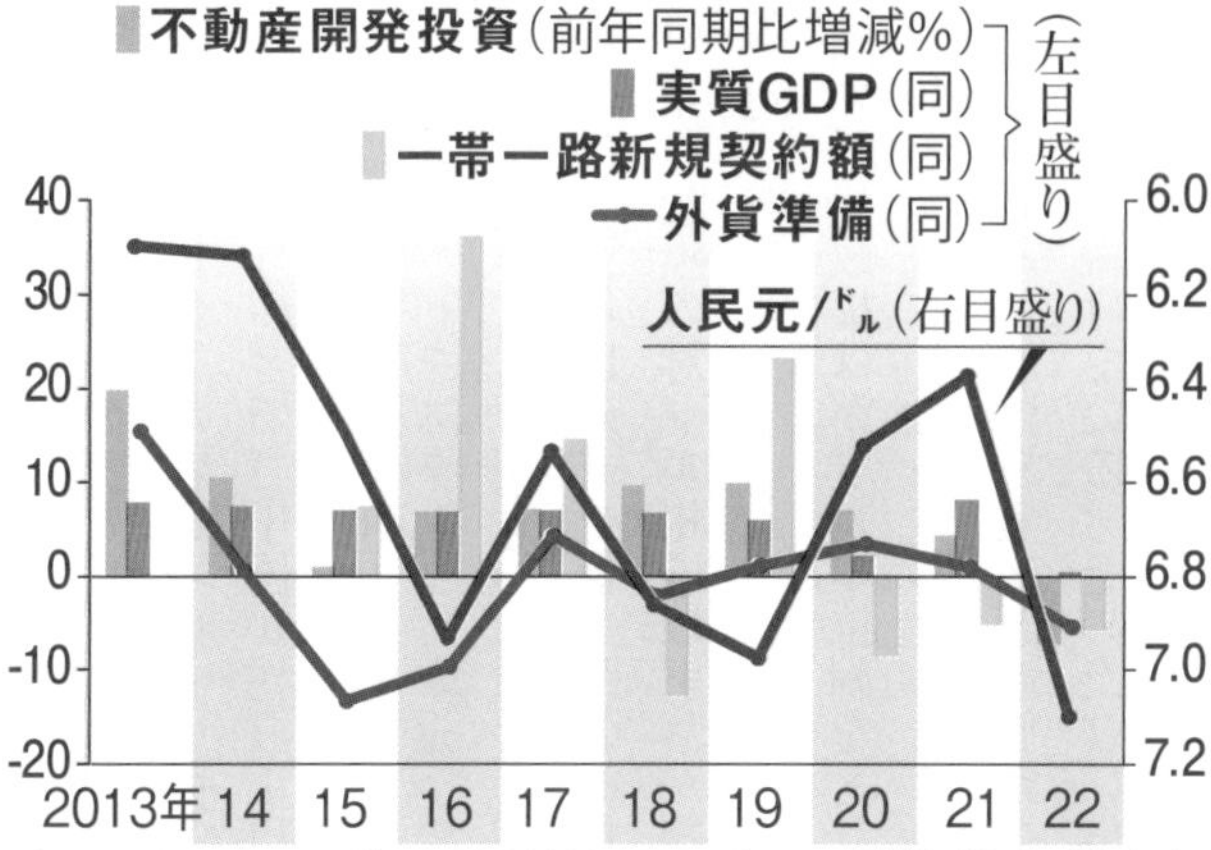

データ：CEIC　　注：2022年はGDPが4～6月期、他は8月時点

間調査会社が非公開化したり、削除したりするデータが増え、エコノミストや市場アナリストのリポートは、弱気のものほど撤回や削除されている」（22年10月19日付米ウォールストリート・ジャーナル＝WSJ＝電子版）という具合である。

習政権の経済「成果」を見よう。グラフは習政権が本格稼働した13年以来の鍵となる経済指標について、変動率と人民元の対ドル相場を追っている。これまでの10年間を通じて不動産開発投資はGDPの4割以上を占める固定資産投資の要で、GDPを動かす最大の要因となってきた。

だが、住宅バブル崩壊を受けて22年1～8月は前年同期比で7・4%減。それに引きずられて4～6月期の実質GDPは同0・4%増にとどまった。

14年から本格化した習氏肝いりの巨大経済圏構想「一帯一路」は投資主導型モデルの輸出とも言うべきで、中国が建設工事および、それに付随する労働者、金融を一括して請け負う。現地政府にとってはドル建て債務となって返済を迫られるが、最近ではスリランカ、パキスタンなどが返済難に陥っている。一帯一路を含めた中国による開発金融総額のうち6割もが問題債権化している（WSJ電子版22年9月17日付）。そんな具合で20年以来、一帯一路の新規契約額は前年比マイナスが続いている。

人民元の22年の対ドル相場は下落が続いているが、13年以来のトレンドをみると、元安傾向にある。

中国の歴代政権は準ドル本位制をとり、中国人民銀行は保有するドル資産に応じて元資金を発行してきたが、外貨準備は14年をピークに減少基調にある。外準の主源泉は対米を中心とする貿易黒字と西側からの証券投資だが、元売りを伴う巨額の資本逃避に悩まされ続けている。そのたびに外準を取り崩して元急落を防がなければならない。

住宅バブル崩壊、景気減速、「ゼロコロナ」政策、さらにロシアによるウクライナ侵攻に米国の大幅な金利引き上げが重なる中、外国投資家の中国離れが深刻化している。おまけに上海などの富裕層ではシンガポールへの逃避ラッシュが起きている。

グラフの通り、すべての経済指標が一斉に急降下している。習政権が10年間の集大成を誇示するはずの今党大会で、習氏が最新データを隠蔽《いんぺい》したくなるのも無理はない。

最高権力の座3期目に入る予定の習氏は何をめざすのか。党大会冒頭の活動報告で挙げた主な項目ごとに、筆者のコメント（＊以下）を加えてみた。

【共同富裕を断固推進する】
＊不動産開発に代表される党利権配分システムの破綻の表れで、中国の民営資本の活力を奪う
【高水準のテクノロジー発展を加速】
＊米国のハイテク禁輸のために頓挫しかねない
【高水準の対外開放を継続】
＊西側の資本とハイテクを誘い込み、奪取するための方便

【台湾問題の武力解決を決して放棄しない】

＊台湾への軍事侵攻を抑止するため、米議会超党派は中国にドルを渡さないようにする金融制裁を盛り込んだ台湾政策法案の審議を加速させる

【覇権主義、拡張主義を追求しない】

＊一帯一路の失敗続きからしてやむなし

習氏3期目は八方ふさがり、打開するための方策もまた混乱に満ちている。

外国人投資家の脱中国（2023年1月14日）

中国の習近平政権はコロナ鎖国から一転し、国境開放に踏み切った。外国投資家を呼び込むためだが、中国の感染爆発を問題視する日本と韓国に対しては逆ギレし、入国ビザ制限で報復する。強権国家に外資が元通り流入するのだろうか。

グラフは武漢発の新型コロナウイルス・パンデミック（世界的大流行）が始まった2020年3月以降の外国人投資家による中国の人民元建て金融資産保有高および外貨準備の前年同期比増減額と、米中の償還期間10年国債の金利差（中国金利マイナス米国金利）の推移だ。

中国は海外投資家を引きつけるために、通常は自国金利を米国よりも高めに誘導するのだが、米連邦準備制度理事会（ＦＲＢ）がインフレ抑制のために大幅利上げに転じた2022年3月以降、急速に金利差が縮小し、5月には米中逆転となった。投資家はより高い金利の金融資産を選ぶのだから、当然のように人民元建て資産が市場で売り買いされるときの金利（利回り）と、ドル資産の利回りの差が縮小すると予想すれば、元資産を売ってドル資産に換える。

金利差動向と外国人の元建て金融資産保有には高い相関関係がある。パンデミックが勃発するや、ＦＲＢは米国債を大量に買い上げる量的緩和と利下げに踏み切り、長短の市場金利を低めに誘導する一方、中国は金利を高めに維持したので、金利差は拡大する。すると、外国の対中金融資産投資が増えていく。

ところが21年に入るとＦＲＢは金融緩和政策を一段落させ、米市場金利は上昇し始めた。対照的に中国人民銀行は金融緩和に転じたので、金利差が縮小する。そして21年6月以降は外国からの対中投資が縮小し始めた。

中国売りのトレンドは、ロシア軍がウクライナに侵攻した22年2月下旬以降激しくなり、米中金利差逆転が確実になった4月には外国の元資産保有が前年を下回り、以降は前年同期に比べて１０００億ドル以上減らしている。

ここで外貨準備に目を向けよう。中国の通貨金融システムは外国為替集中制度と呼ばれ、中国の金融機関に入る外貨の大半は人民銀行が買い上げる代わりに人民元資金を供給する。人民銀行が吸い上げた外貨が外貨準備として扱われる。

米中の金利差、中国への外国人投資と中国の外貨準備の推移

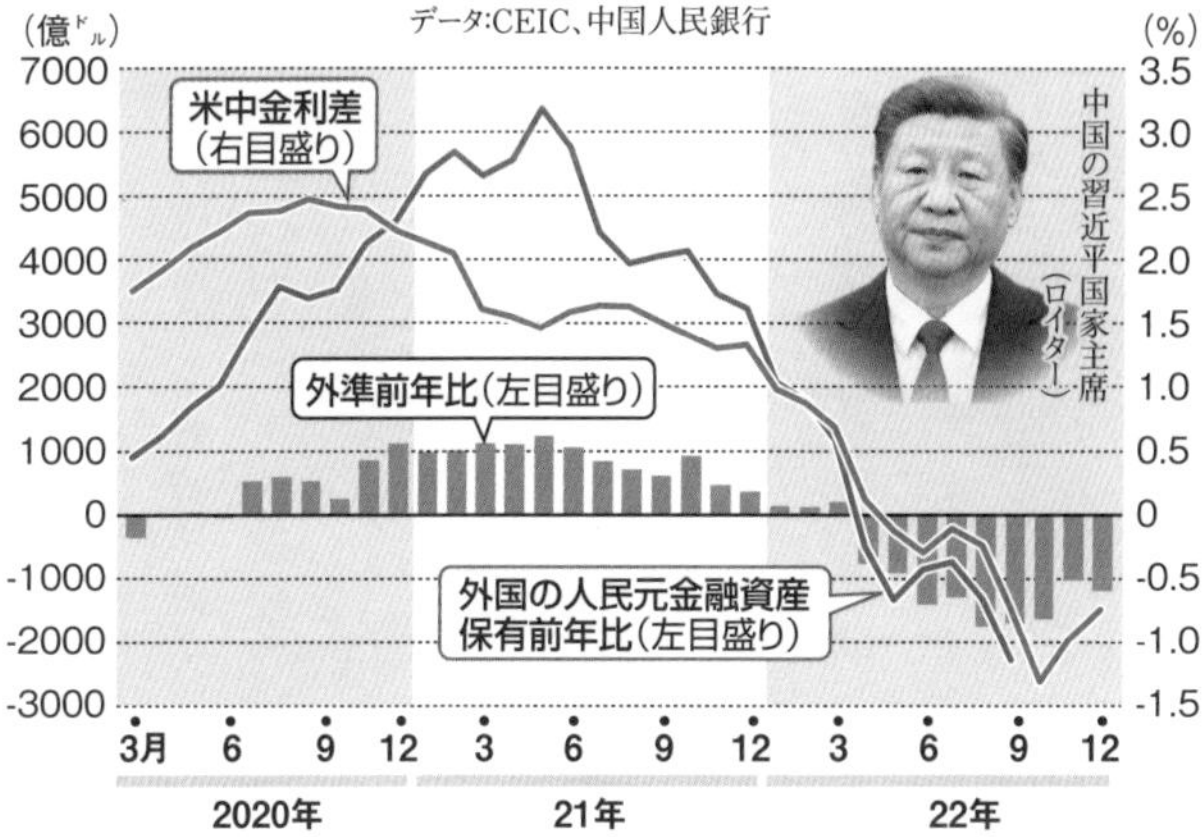

外貨流入源は貿易収支黒字と借り入れを含む対外金融負債が主で、中国の対外負債のほとんどが外国にとっては金融資産となる。外国からの対中金融資産投資が増えると外準も積み上がり、逆になると外準が減っていく。外国投資家が脱中国に転じた22年４月以降、この傾向が激しい。

外国の人民元資産売りは人民元の急落を招き、ひいては金融危機に発展しかねない。人民銀行は外準を取り崩し、外為市場で人民元を買い支える。外準減はその結果なのだ。

こうなると、22年秋の共産党大会で異例の党総書記３期目就任を果たした習氏とその取り巻きは苦しい。がんじがらめのゼロコロナ政策の結果、中国景気は大きく停滞している。ならば、大幅に財政と金融両面を拡大するのが定石なのだが、元資金発行の裏付けになる外貨準備が減っている。無理して、元資金を大量に増発すれば、高インフレに陥り、市民の不満が高まり、ゼロコロナ政策批判で火がつき始めた政権不信が広がりかねない。

もう一つ、深刻な問題がある。対米ハイテク摩擦である。バイデン政権は中国の脅威を封じ込めるために半導体や関連する製品や技術の対中禁輸に踏み込んだ。それに対し、習政権は最大1兆元（約19兆円）の政府補助金を投入して半導体の国産化をめざすとしていたが、それこそ「財源」に事欠く始末だ。

23年1月4日付のブルームバーグ電は「中国、半導体への巨額投資休止へ」と報じたが、金融財政事情からすればさもありなんである。

習政権は18年7月に始まった米中貿易戦争については、米国以外の東南アジアなどへの輸出を大幅に増やすことで、さほど打撃を受けなかった。が、金融やハイテクでは脆弱《ぜいじゃく》さがあらわになってしまったのだ。

以上をみると、習政権がゼロコロナ解除、さらに国境開放と矢継ぎ早に政策転換したのは、外国投資家を中国市場にカムバックさせようという焦慮によるとわかるだろう。習政権は数カ月後にはコロナ感染は完全に収束し、市場は再拡大する、この機を逃してはいけませんよ、とばかりささやくかもしれない。だが、強引な独裁者におじけづく外国投資家がおいそれと応じるはずはないだろう。

人民元決済と香港市場

（2023年9月8日）

中国の習近平共産党総書記（国家主席）がインド・ニューデリーで2023年9月9～10日に開かれる20カ国・地域（G20）首脳会議（サミット）を同氏として初めて欠席する。

無理もない。23年8月10日にバイデン米大統領から、中国経済について「爆発するのを待っている時限爆弾」とズバリ言われた。不動産バブル崩壊は止まらず、金融不安も募るのに、情報隠し以外の対策を打てない状況だ。「時限爆弾」の規模は不動産デベロッパー発行の債券だけでも500兆円規模とみられている。各国首脳に聞かれたら返答に窮するだろう。

習氏膝元の北京では、信託商品の支払い不能の投資ファンド大手、中植企業集団とその傘下の中融国際信託のオフィスビルに投資家の主婦や零細企業経営者などが連日のように、押しかける。習政権の対応はもっぱら新聞やテレビに対する徹底的な報道

中国の人民元決済と人民元の対ドル相場
データ:CEIC

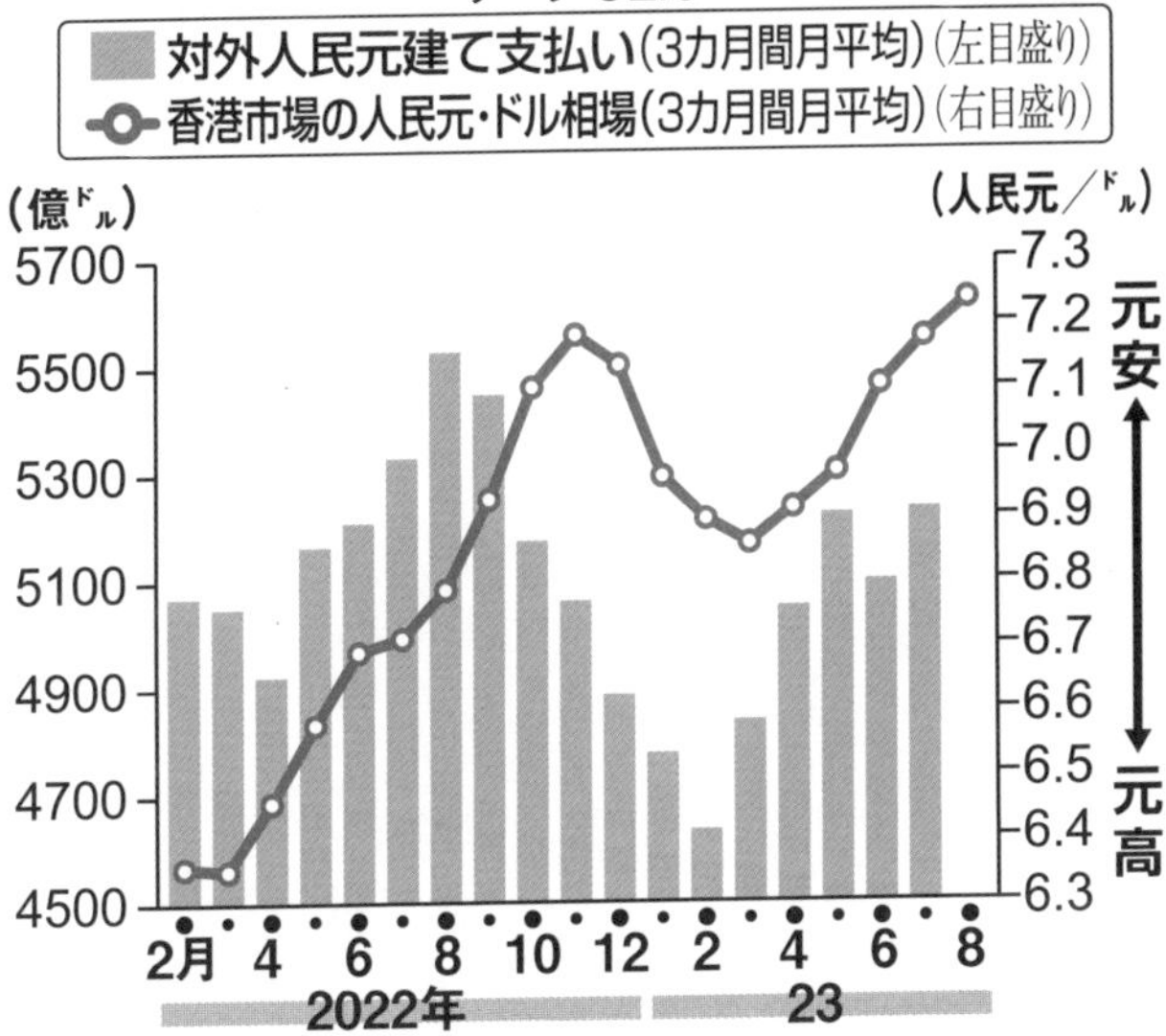

管制と公安警察による投資家抗議グループへの執拗《しつよう》な監視や拘束である。公安は投資家全員に個人情報の提出を求め、行動を24時間追跡しているもようだ。

中国の場合、これまで何度も不動産バブルがつぶれても広汎な金融危機の発生を阻止した。その秘訣《ひけつ》は徹底的な情報の隠蔽にある。貸し手の金融機関や投資ファンドの信用は、バランスシート（財務諸表）上の負債が資産を上回らなければ、つまり債務超過が表面化しなければ保たれる。中国の場合、党の指示で不良資産を隠してしまう。その間に主な投資先の不動産市場が好転すれば、難局回避というシナリオだ。

今回はそうは問屋が卸さない。外資は中国市場から逃げ出し、中国人の資産家も香港経由で資産を外部に持ち出す資本逃避に躍起となっている。その結果は人民元の対ドル相場に反映する。人民元が売られるので、元安が進むのだ。

グラフはロシアによるウクライナ侵略開始以降の香港市場での人民元相場と中国の人民元による対外支払いの推移である。貿易や金融・資本取引の人民元決済は、習政権が2018年7月、当時のトランプ米政権との貿易戦争勃発を機に、ドル離れのための手段としてきた。西側の対露金融制裁を受けて、中露はドルに代えて人民元決済に切り替えた。すると、ロシアは石油や天然ガスの対中輸出代金を香港の銀行に開設した人民元口座に振り込ませる。だが、そのままだと元安で損失を被るばかりか、リスクだらけの中国の資産市場で運用するのは馬鹿げている。従って、入金すればただちに香港の人民元・ドル市場で売却するので、元はさらに下落する。

習氏は23年8月下旬、南アフリカで開かれたBRICS首脳会議に出席し、サウジアラビア、アラブ首長国連邦（ＵＡＥ）、アルゼンチンなど人民元決済を働きかけている６カ国の新規ＢＲＩＣＳ参加を先導したが、いずれの国も値打ちが下がる人民元を手にはしたがらないだろう。続いて、Ｇ20サミットに参加しても恥をかくだけだ。習氏の強権は人民元暴落不安をかき立てるのだ。

第3章　「人民元決済」を読み解く

グローバルサウスと人民元

中国は、2022年2月のロシアによるウクライナ侵略戦争開始以降、グローバルサウスをターゲットに人民元決済圏の拡大攻勢に拍車をかけている。中国本土の人民元決済比率は急増を続け、とうとうドル決済比率を凌駕《りょうが》するに至った。半面で、不動産バブル崩壊はおさまらず、金融は不安定だ。

人民元決済はどこまで進むのか、限界はないのか、また、世界にどんな衝撃を与えるのか。

ウクライナ戦争勃発後、先進7カ国（G7）による対ロシア制裁に組みしない発展途上国が「グローバルサウス」と称されるようになり、存在感を増している。習近平党総書記・国家主席は新興5カ国（ブラジル、ロシア、インド、中国、南アフリカ）で構成するBRICSを踏み台にして、グローバルサウス各国との人民元決済の拡大に執念を燃やしている。

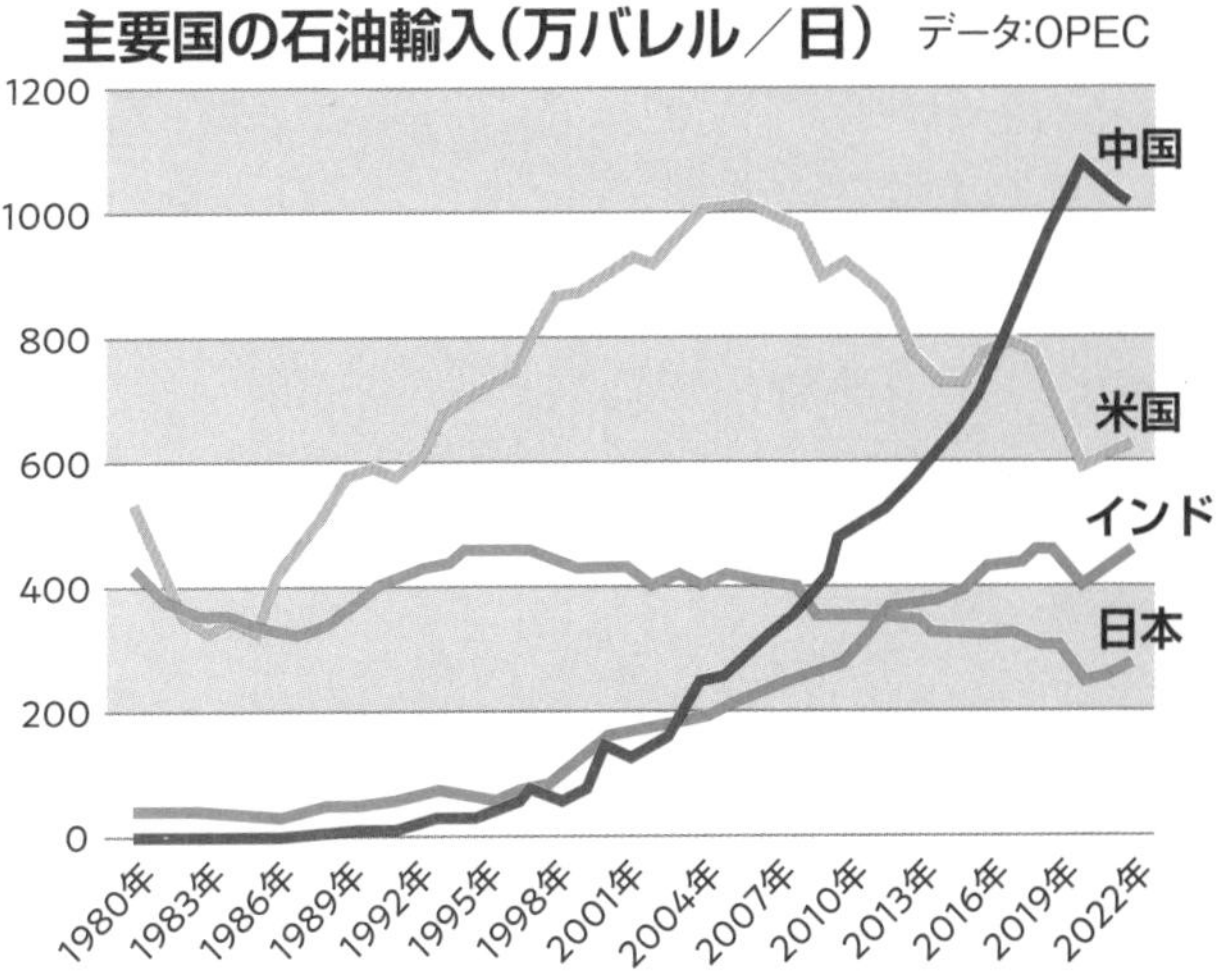

グローバルサウス各国は、米国による対露金融制裁を目の前にして、ドル金融に依存している限り、米国が掲げる人権、民主主義などの理念にそぐわない政策をとれば、制裁されるかもしれないと脅える。しかも、米ドル金利が上がれば、自国通貨が売られ、外貨危機に陥りかねないとの不安もつきまとう。対ドル金融依存度を下げたいのだ。

Ｇ７とロシアが激しく対立する中で、「中立」を装う中国はこの機に便乗している。このもくろみが部分的にせよ、結実したのが２０２３年８月24日、南アフリカヨハネスブルグで開かれたＢ

RICS首脳会議を経て決まったBRICSの拡大だ。サウジアラビア、アラブ首長国連邦（UAE）、イラン、エジプト、エチオピア、アルゼンチンの6カ国がBRICSに新規加盟した。

ウクライナ戦争勃発後、習近平党総書記・国家主席は中東産油国向け外交攻勢を強めてきた。2022年12月にサウジアラビアを訪問し、中国の通信機器大手、華為技術（ファーウェイ）との協力覚書に署名した。米国がファーウェイを安全保障上の脅威だとみなして、米市場から締め出したが、中国はまんまとサウジを取り込んだ。

第5章の「『ペトロ人民元』の虚と実」でも述べているように、習政権の最大の目標が石油の人民元建て取引である。習氏はサウジ訪問中、リヤドでの中国・湾岸協力会議（GCC）首脳会議にも出席し、石油・天然ガス貿易の人民元建て決済を推進するとし、上海石油天然ガス取引所を「最大限に活用する」と表明した。

習氏は石油の人民元決済、言わば「ペトロ人民元」によってドル覇権の座の切り崩しを狙う。

習政権は覇権国米国に対抗するために、ドル決済の世界を突き崩し、人民元決済に置き換えて行くという野心満々だ。とりわけ世界最大の石油輸出国でOPEC（石油

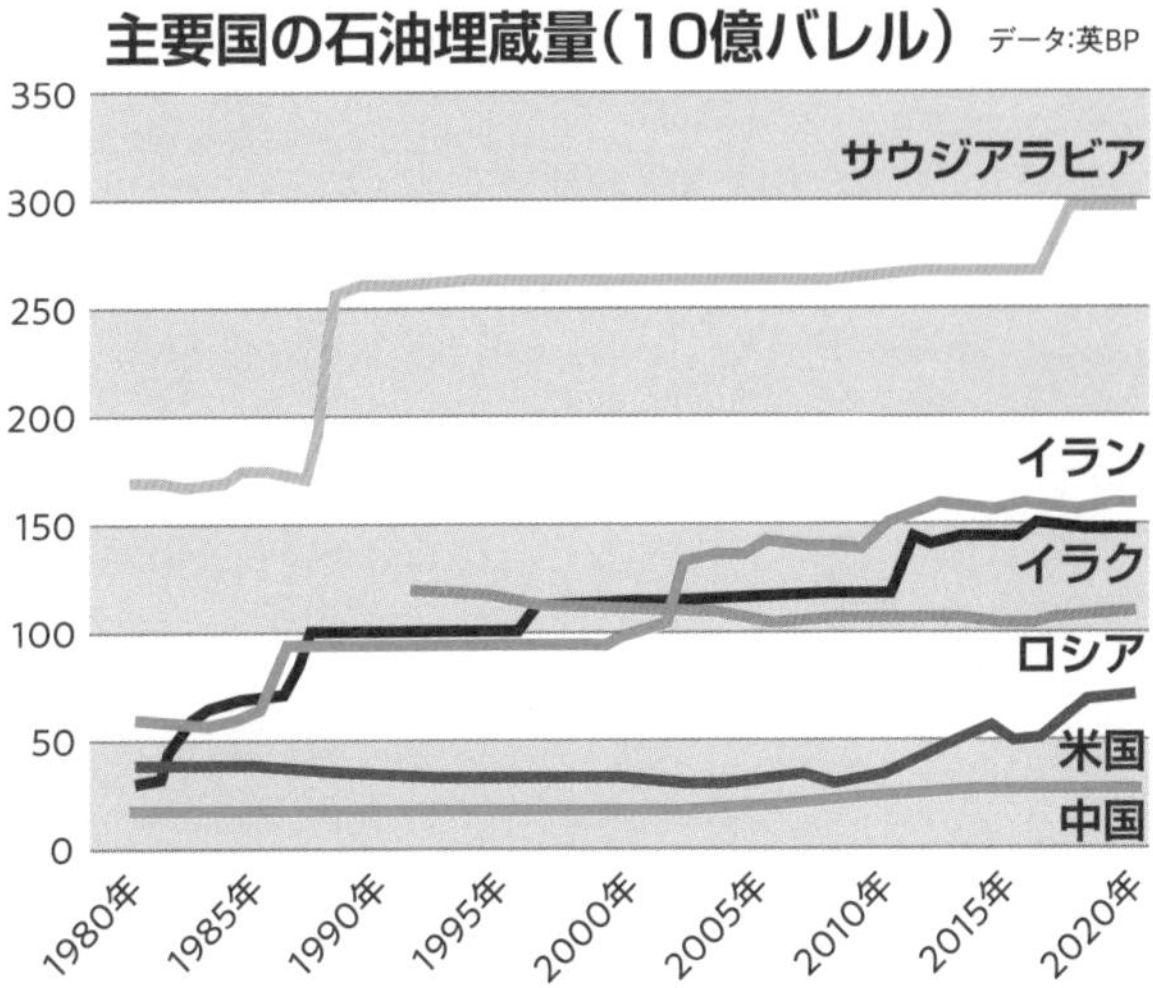

輸出国機構）の盟主、ペトロダラーの土台を提供したサウジを取り込む意義は習外交にとって限りなく大きいはずである。しかも、中国は米国を抜いて、世界最大の石油輸入国であり、地球温暖化を招く温室効果ガスの排出源とされる脱化石燃料機運が高まる中、豊富な石油埋蔵量を国家運営の土台とするサウジを含む中東産油国にとって中国は長い将来にわたって絶対に欠かせない主要顧客でもある。

中国は石油の人民元建て取引で、すでにロシアとイランとの間で合意済みだ。習政権はサウジアラビアとは数年前から水面下で交渉を続けてきたが、サウジは慎重姿勢を崩さなかった。しかし、２０２３年1月には、サウジ財務相がドル以外の通貨での貿易決済の話し合いに応じると言明した。２月にはイラク中央銀行が対中貿易で人民元決済を認めると表明した。

習政権は23年３月にはサウジアラビアとイランの関係正常化を仲立ちする離れ業をやってのけた。続いて、サウジ政府は中国、ロシア、インドや中央アジア諸国の協議機関である上海協力機構への加盟に応じた。

同月には中国とブラジルが人民元及びブラジル通貨レアルの貿易、金融取引開始で合意した。中国の国有石油大手、中国海洋石油（ＣＮＯＯＣ）も同月、ＵＡＥ産の液化天然ガス（ＬＮＧ）を人民元建てで購入した。４月にはアルゼンチンの経済相が、中国からの輸入商品のドル建て決済を止め、人民元建てで払うと発表した。

この人民元決済化の流れを受けて、23年８月下旬のＢＲＩＣＳへの６カ国新規加盟に至ったわけである。

貿易をテコに人民元決済

グローバルサウスが政治的な理由でドル基軸体制からの束縛を逃れようとするとしても、経済上の実利が伴わなければ、ドルに代わって人民元決済を受け入れるとは考えにくい。

人民元決済の素地は貿易関係にある。中国は世界最大のモノの輸出大国であり、電子機器や自動車などのサプライチェーンの根幹を押さえている。輸入市場も米国に次ぐ規模である。

以下、6つのグラフは中国税関総署のデータから作成したBRICS新規加盟各国に対する中国の輸出入である。

特徴的なのは、対サウジアラビアを除く5カ国はいずれも中国の輸出が輸入を上回っていることだ。これらの国々は対中貿易赤字分をドル以外の通貨で決済できれば、ドル準備を崩さなくても済む。例えば、アルゼンチンはすでに中国との間で人民元、アルゼンチン・ペソの決済を進めることで一致している。１９８０年代以来、ひんぱんに通貨危機、即ちペソの対ドル相場暴落に見舞われてきた同国は、小麦など対中輸出の代金を人民元でもらい、それを中国製品輸入代金に向けようとするだろう。

イランは人民元で代金を受け取って、対中輸入に回している。中国のイランからの

中国の対イラン貿易（億ドル、12カ月計）

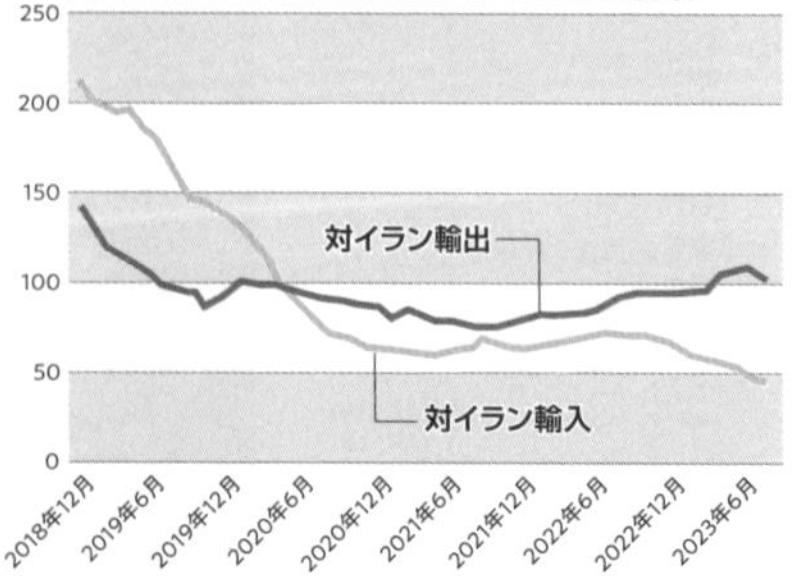

中国の対アルゼンチン貿易（億ドル、12カ月計）

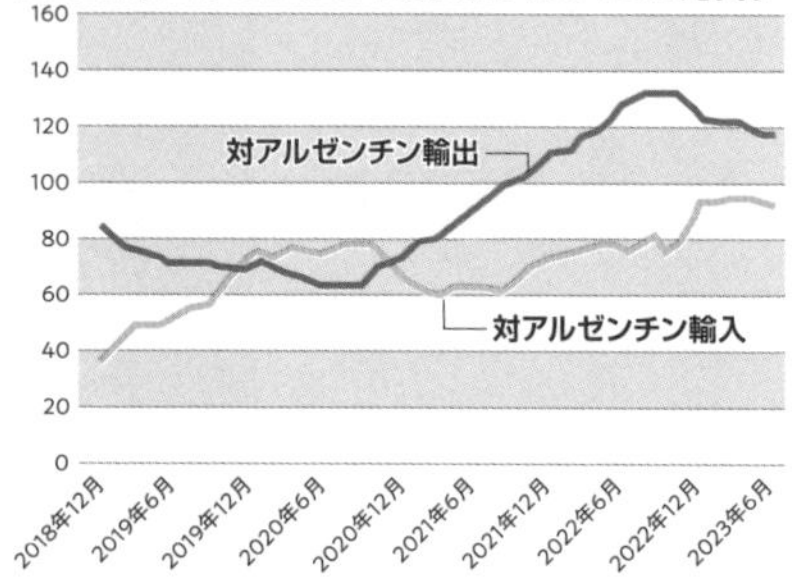

中国の対エチオピア貿易（億ドル、12カ月計）

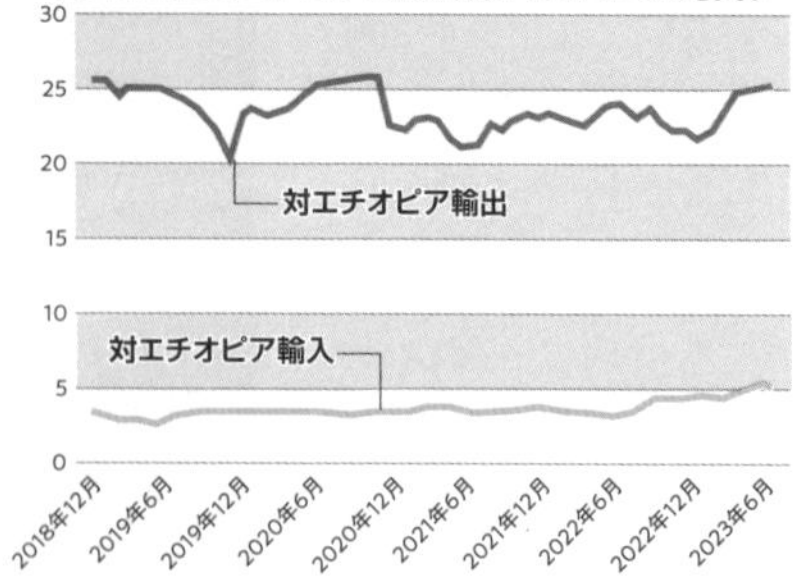

輸入が減り気味なのは、イラン産石油、天然ガスがＵＡＥ経由になっているからだと推察される。ＵＡＥも石油、天然ガスの対中輸出を人民元建てとし、その分を対中輸入資金に充当できる。

慢性的なドル不足に悩むエジプトやエチオピアは、人民元決済を受け入れることで、

中国の対サウジアラビア貿易（億ドル、12カ月計）

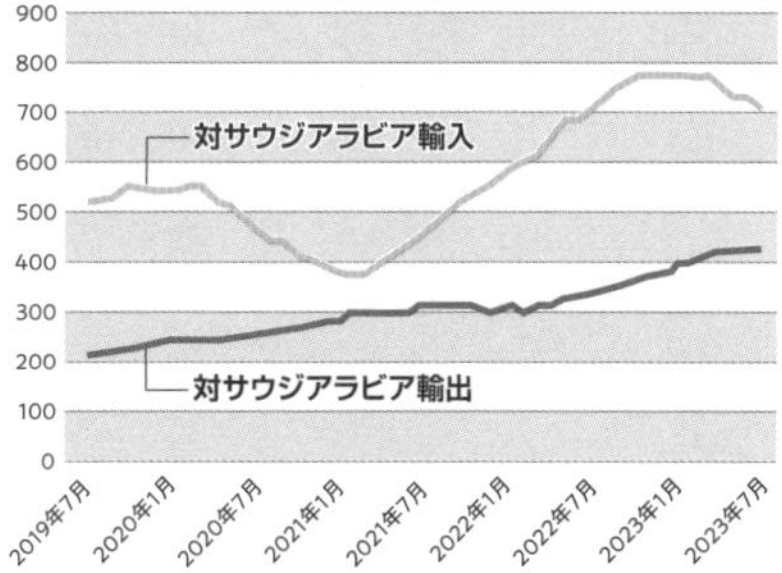

中国の対エジプト貿易（億ドル、12カ月計）

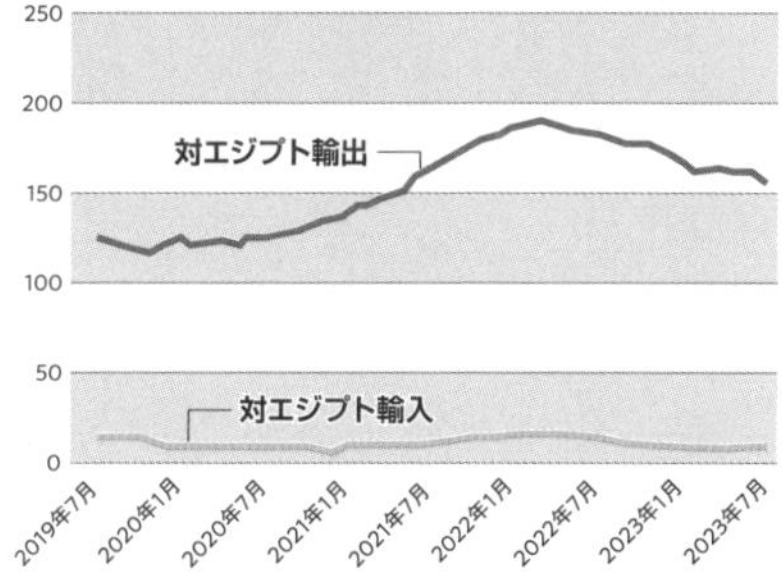

中国の対UAE貿易（億ドル、12カ月計）

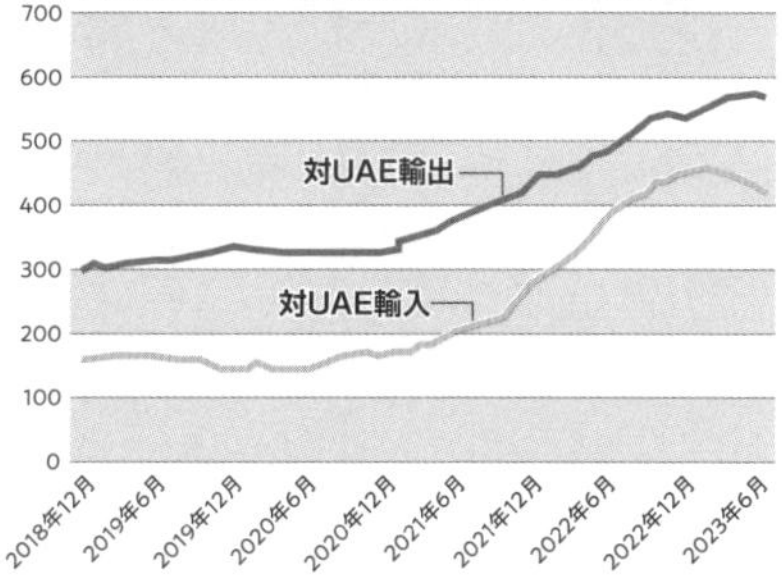

少なくとも中国との貿易赤字をドル建てから人民元建て債務に置き換えられる。特にドル金利高では資本流出が起き、自国通貨の対ドル相場の下落が続く。その中では、ドル建て債務負担は余計に重くのしかかる。対ドル・レートが下がり続ける人民元建ての対外債務の増大は受け入れやすい。

対中黒字のサウジはどうか。対中石油輸出の一部を人民元で受け取り、その代金で中国通信機器大手ファーウエイ（華為技術）の5G通信ネットワークを導入することができる。中国の5Gは中国国内で市民に対する徹底的な情報監視を可能にしており、治安維持にはもってこいである。習政権は、米国のような軍事力ではなく、国家安全保障に関わる情報通信ネットワーク技術でサウジ王室に食い込んだ。

インドだけは人民元決済に難色

ここで、従来のBRICS各国と中国の貿易収支をグラフで見てみよう。

対インドを除けば中国の輸入は輸出を超過している。この場合、前述したように、対中黒字国は対中輸出のうち輸入相当分だけ人民元建てにして、残りをドル建てにすることができる。ロシアの場合は、人民元とルーブルを決済で併用しているようだ。

だが、中国の貿易相手国は対中黒字分を人民元建て資産として蓄えることは、割に合わない。規制だらけで不透明な中国の金融資産市場で運用するのはリスク一杯である。この点は、人民元決済に頼るロシアも実質的には同じである。ロシア企業は対中輸出で得た人民元資金の多くを国際金融市場香港に持ち込んで、直ちに人民元を売ってドルに転換していると推察できる。この点は後で詳述しよう。

対中赤字のインドは政治的要素が加わる。国境紛争を抱えるなど、軍事・外交面で中国と緊張関係にあるインドは、人民元決済を拒否している。対中貿易赤字が膨らむ中、人民元決済にすれば、赤字分の資金調達のため中国の大手国有商業銀行の進出を受け入れ、人民元建ての借り入れを増やさざるを得ない。インドには中華料理店がほとんど見当たらないのは、食文化の違いによるのだろうが、カネの場合は広い意味での国家安全保障に影響する。人民元金融に依存すれば経済面でも外交でも不利になる。割安なロシア産原油を大量購入しているインド

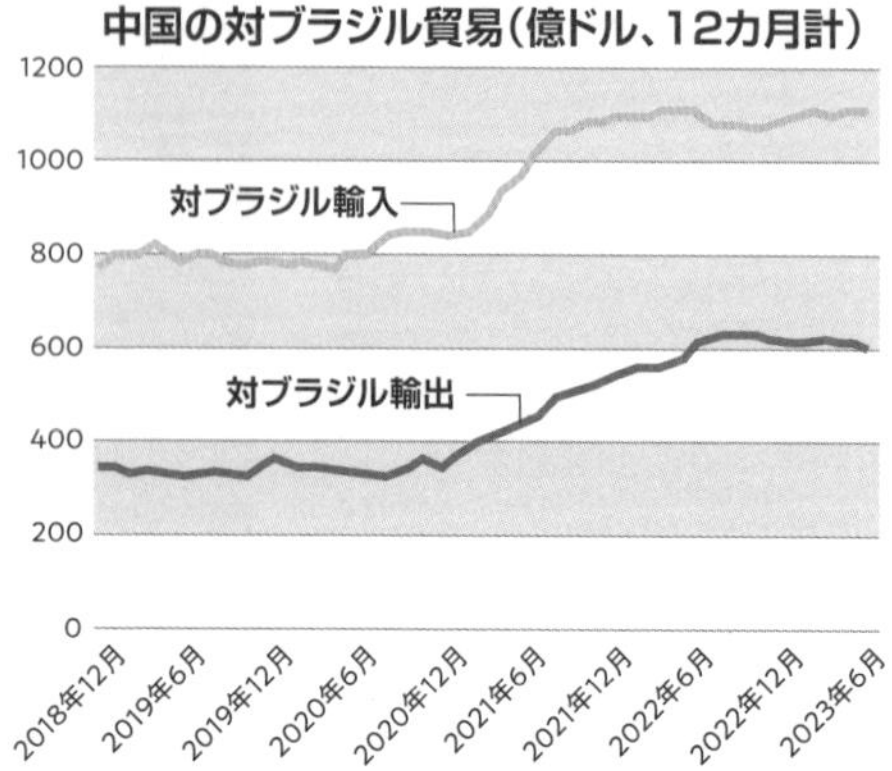

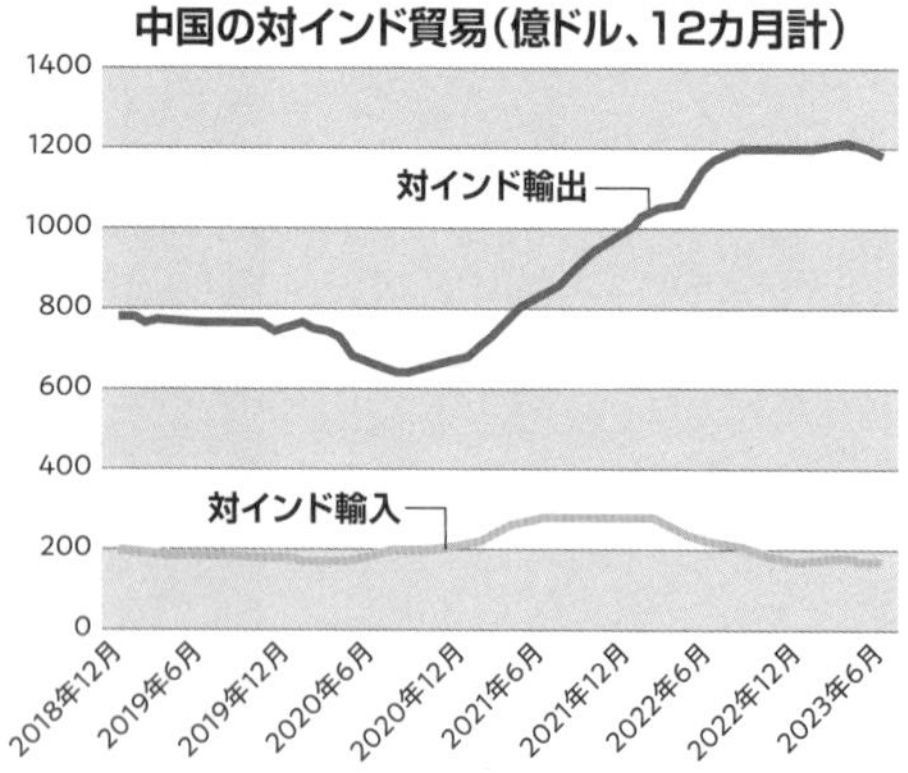

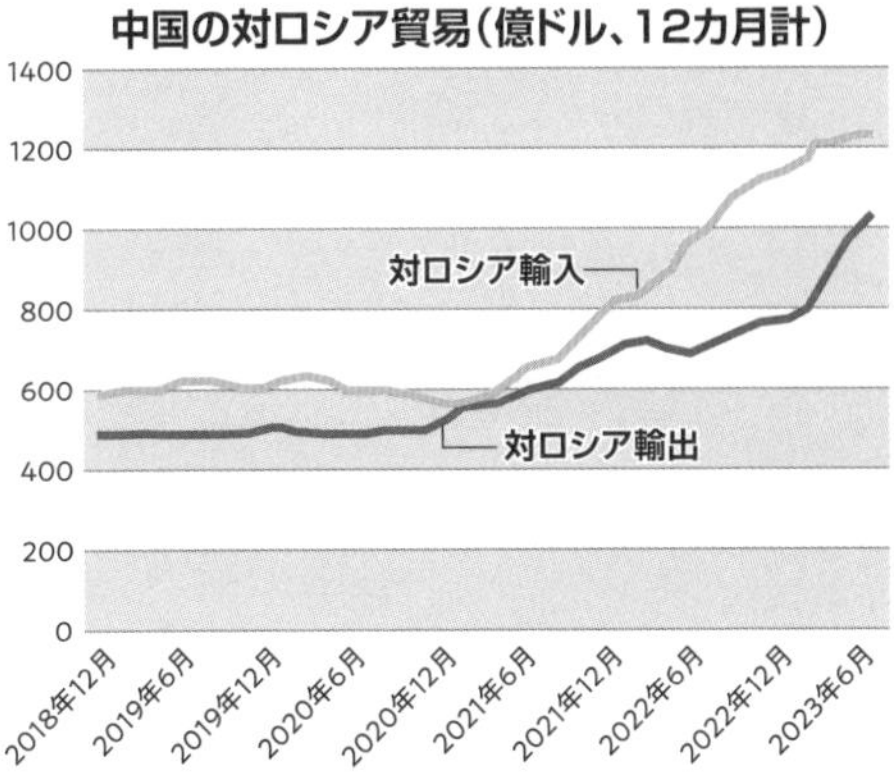

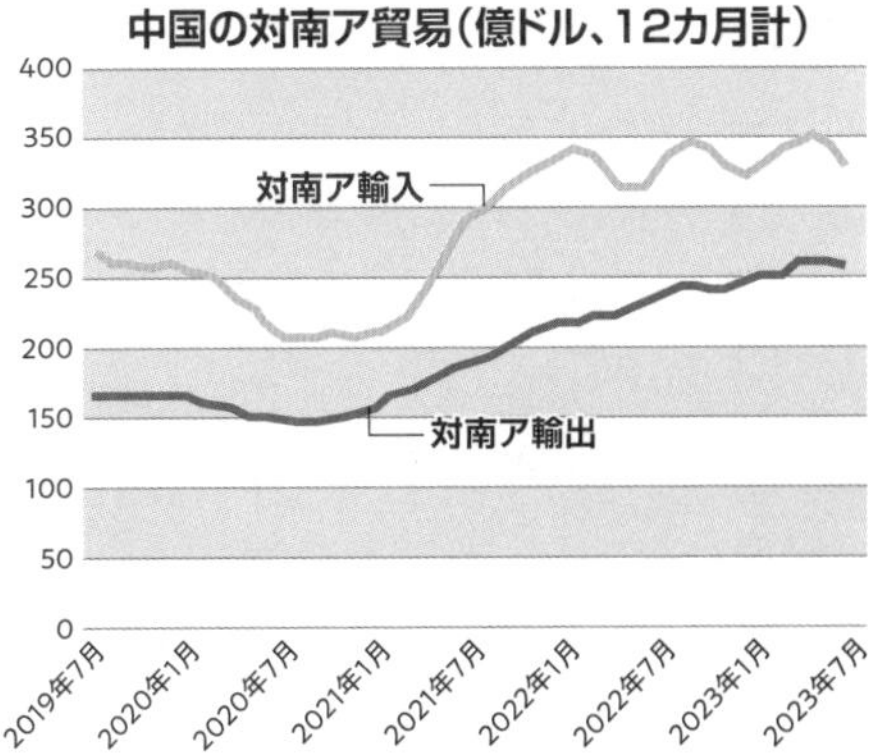

はロシア側から人民元建て支払い案を持ち出されても、応じていない。卓越した戦略家としても知られるモディ首相は、中国側から人民元決済を働きかけられた場合、インド・ルピー決済案を逆にぶつけるだろう。

対中黒字のブラジルは人民元建てを受け入れたものの、同時にブラジル・レアル建て決済を中国側に飲ませた。自国通貨建て決済は国家の権威にも関わる。

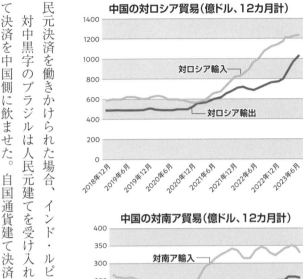

ロシア制裁と香港市場

ウクライナ戦争開始とともに発動された対ロシア金融制裁の中で、中露間などで人民元決済はどこまで拡がったのか。

国際金融市場香港に着目してみる。香港市場では人民元は香港ドルを媒介に米ドルとの交換が容易である。しかも、香港証券市場経由で、上海や深圳の証券市場にアクセスできるので、人民元建て資産の運用にはうってつけだ。ロシアなど中国との間で人民元決済を拡大している国々にとって、香港市場は格好のプラットホームである。

以下のグラフは香港での人民元送金（受け取り、支払いの合計）、人民元定期預金口座の新規開設、人民元預金総額、香港のオフショア人民元・ドル取引の最近の動向である。

まず、香港での人民元送金件数と定期預金口座開設数がウクライナ開戦後の2022年3、4月から急増していることには瞠目させられる。

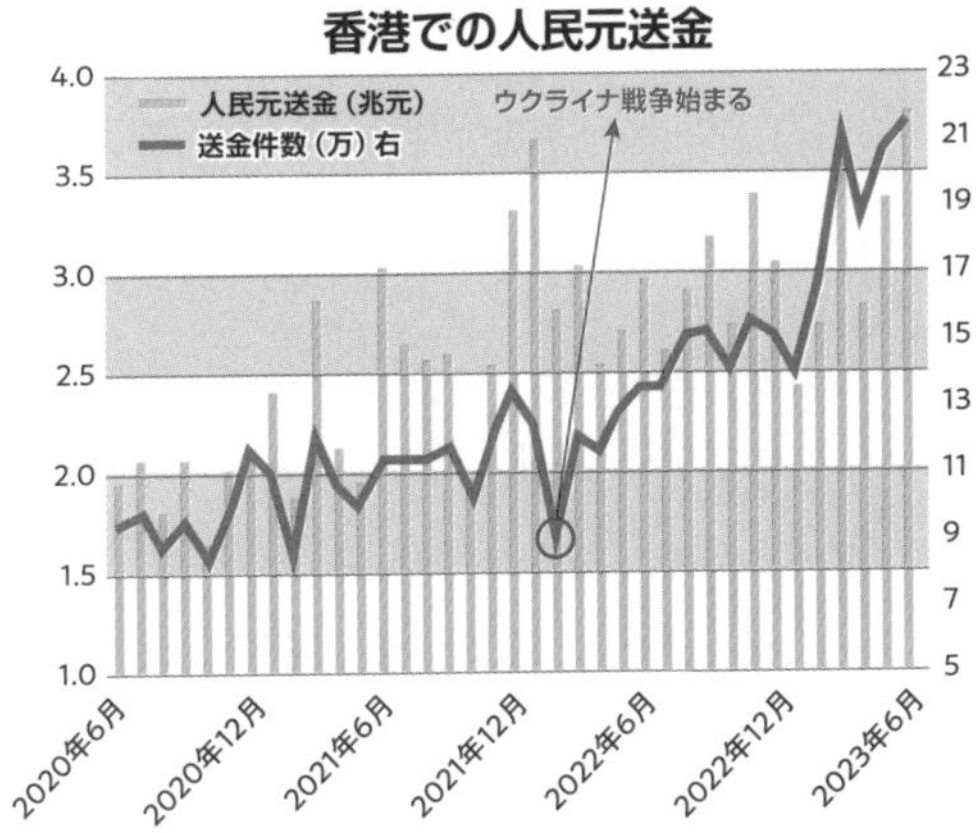

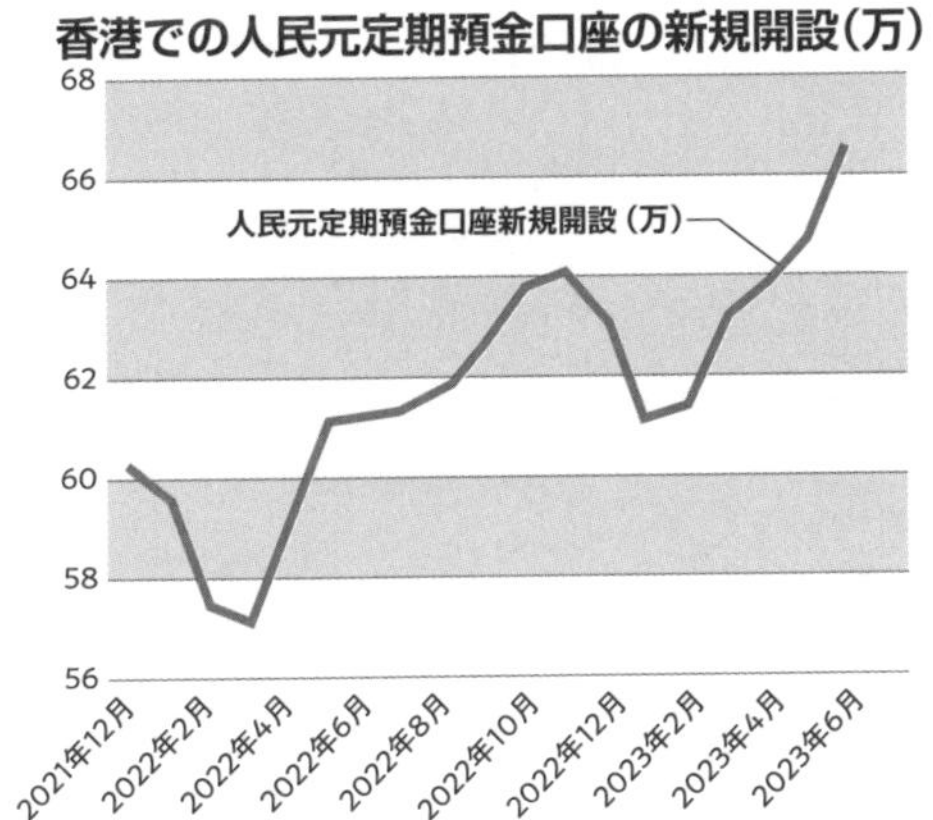

金額面で見ると、22年初めに送金額と預金額が揃って膨らんだのはなぜだろうか。

仮に、ロシアが大きく関与しているとすれば、1月の時点でロシアのプーチン政権がウクライナ侵攻を決めており、ロシアの関係機関が開戦と同時に予想される米国など西側からの金融制裁に備えていたのかもしれない。ロシアのプーチン大統領はウクライナ侵攻の20日前の22年2月4日に、北京冬季五輪開幕式出席にかこつけて、習氏と会談し、「限りない協力」を誓い合った。その前にはモスクワ、北京間で首脳共同宣言や、宣言に付随する中露経済協力協定の具体的な内容を打ち合わせている。ロシア側は1月時点で香港への送金を先行させたかもしれない。とりわけ、米国などによる金融制裁に対しては、早めに備えることが、ウクライナ侵攻をとっくに決意していたプーチン氏にとっては欠かせなかったはずだ。

他方で、預金総額に目を転じると、ウクライナ開戦後の3月以降、横ばいか、増えたとしてもなだらかである。

人民元送金が急増し続けているのに、人民元預金増が開戦後に失速気味なのはなぜか。

香港でのオフショア人民元市場はどうなっているのか。香港のオフショア人民元のアルファベット記号は「CNH」である。本土の外為市場での人民元の記号「CNY」と区別されているが、実際の両者の対ドルレート自体はほとんど差がない。中国

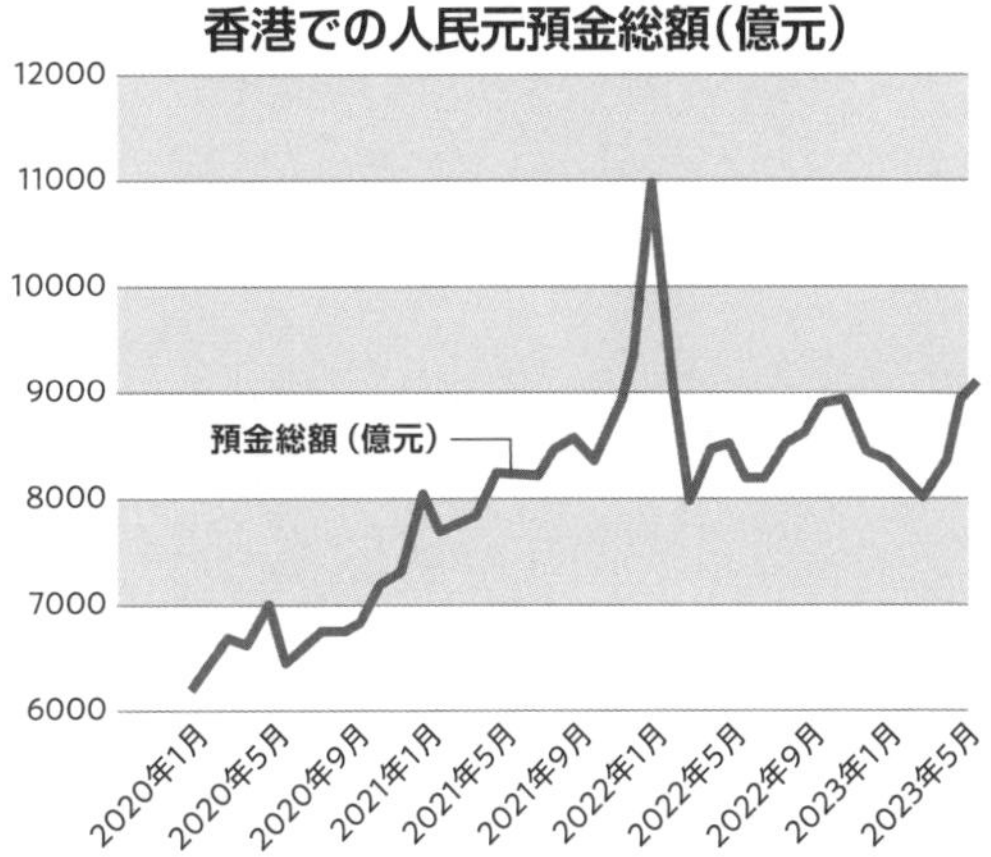

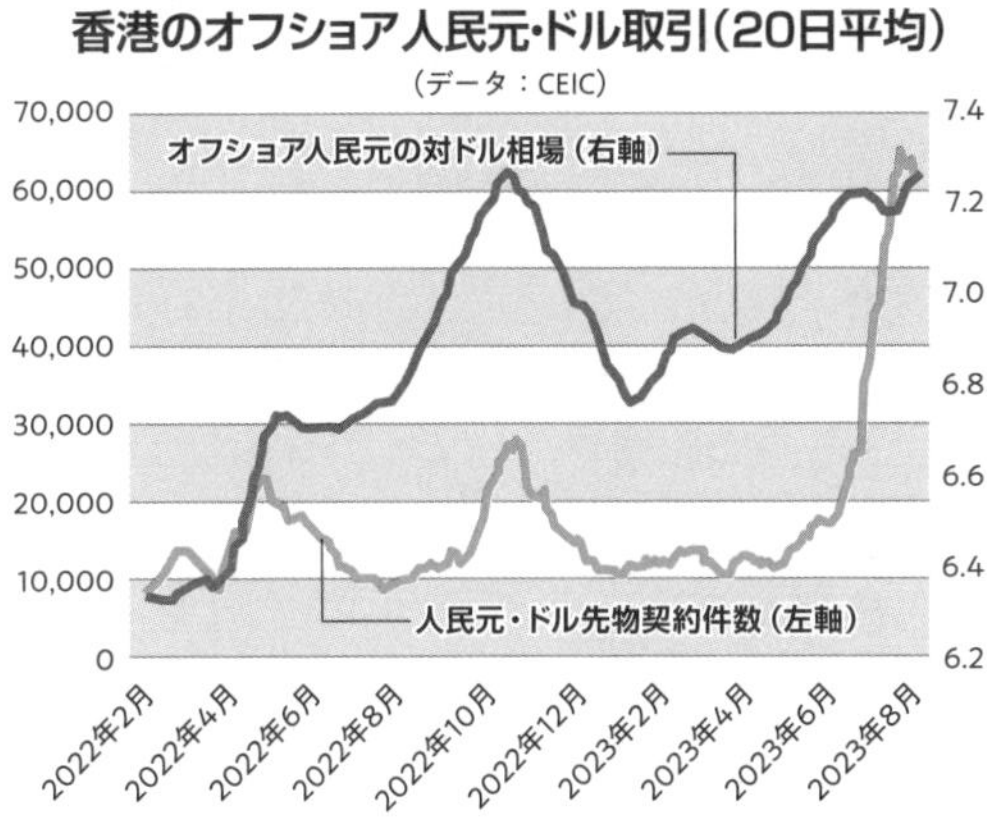

当局は本土の市場で人民元の相場変動を厳重に管理し、前日の終値を翌日の基準レートとし、その上下2％以内の幅でのみ変動を許容している。香港のオフショア人民元

ＣＮＨの変動が自由で、ＣＮＹ相場とかい離するなら二重相場制となる。カネは自由を好むから、ひいては人民元の対ドル・レートを基準値の上下２％以内とする管理変動相場制の崩壊を招きかねない。北京当局は両者を一致させるよう、香港当局に指示してきた。そのうえでオフショア市場の自由な特性を生かすために、香港での先物取引を容認してきた。

グラフはオフショア人民元の対ドル相場と先物取引件数（いずれも営業日20日平均）の組み合わせた図である。

ＣＮＨの対ドル相場は、２０２３年初め以来、先物契約の増加と連動して下落基調が続いている。先物取引が活発になればなるほど人民元安に振れる。外部から香港に送金されてきた人民元資金の多くがただちに売られてドルなどに交換されている。これで人民元の入金が増えても、人民元の預金口座数が増えても、人民元預金残高は増えない謎が説明出来るのではないだろうか。中国から常時、巨額の人民元資金の支払いを受けているロスネフチ、ガスプロムなどロシアのエネルギー大手企業の場合でも、基軸通貨ドルのほうが人民元よりもはるかに使い勝手がよいのだから、当然の帰結とも言える。

ドルを凌駕した本土の人民元決済

中国本土自体の人民元決済はどんな具合か。

第5章「『ペトロ人民元』の虚と実」のグラフ（175ページ参照）は、習氏が党総書記に就任した2012年以来の米国債保有額と、貿易及び資本取引を含む人民元、ドル建ての決済シェアを組み合わせ、推移を追っている。

2018年に習近平政権は当時の米トランプ政権との間での貿易戦争突入以来、脱ドル、人民元決済拡大に本腰を入れ、ウクライナ開戦後にさらに加速させてきた。175ページのグラフデータは2023年3月までだが、23年11月時点では、支払い面で人民元のシェアが50％台まで上昇し、下がり続けるドル決済の44％に水をあけた。受けとり面では3月時点で両通貨は拮抗していたが、11月には人民元49％台で、47％弱のドルを上回った。

日本の経済メディアでは人民元決済とドル離れが今後とも進むとの見方が主流だが、

グローバル決済での通貨別シェア％

（データ：SWIFT）

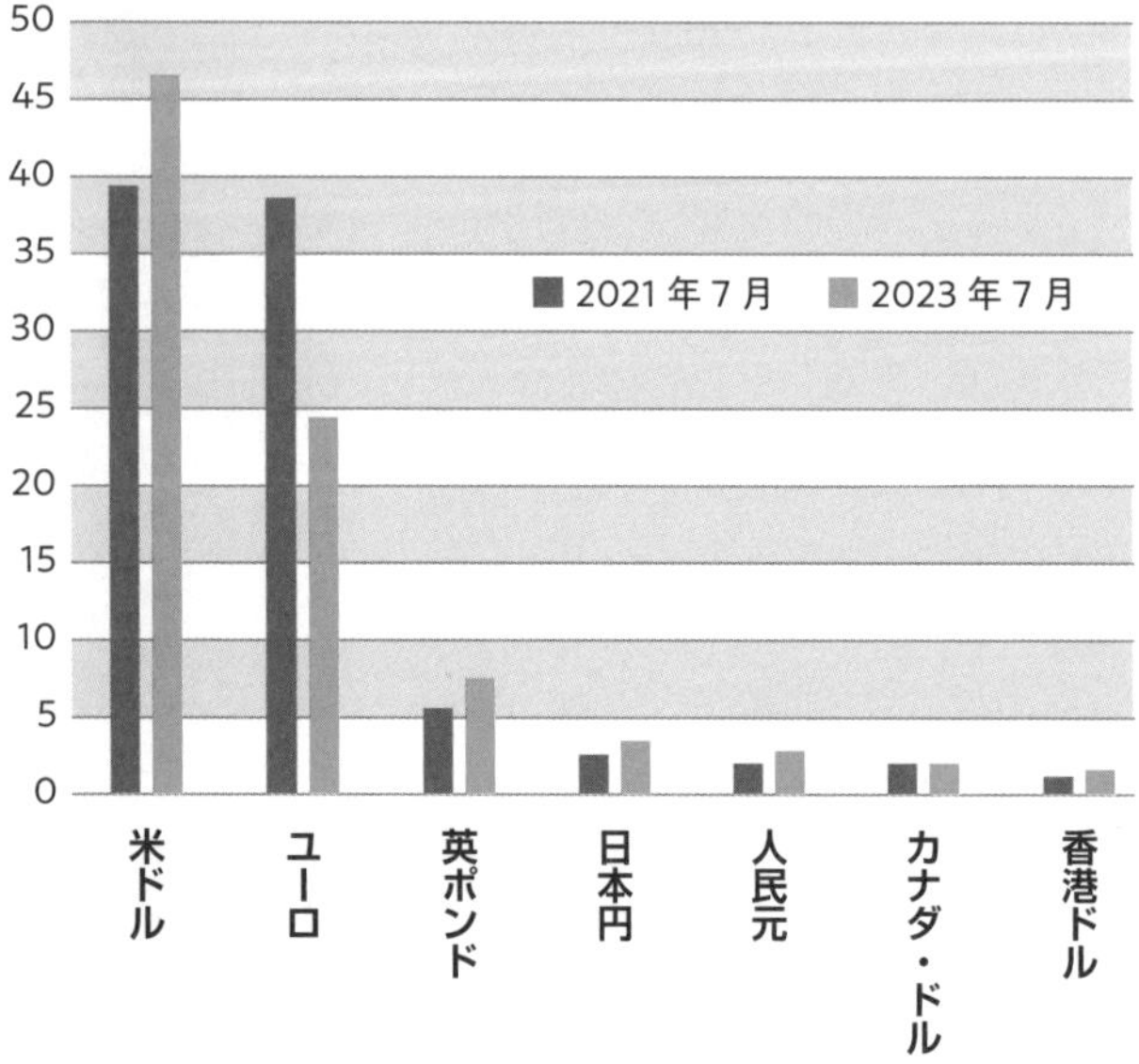

前述した通り、グローバルにみると人民元の使い勝手は極めて悪い。

グローバル金融市場での人民元取引シェアは未だにマイナーである（グラフ参照）。SWIFT（国際銀行間通信協会）データによれば、23年7月時点では人民元3・06％で、日本円の3・51％よりも少ない。しかも、米ドルのシェアは2年前に比べて大きく上昇し、ドルと拮抗していたユーロは大幅に減少した。

この点ではドルの覇権は揺らいでいるようには見えない。中国に限った人民元決済シェアと、グローバル市場での通貨決済シェアとはギャップがひどすぎる。

中国自体、ドル決済を止めてそんな不自由な人民元での決済を短兵急に拡げようにも、さまざまな負の副産物を覚悟しなければならないはずだ。

ドル依存は当面変わらず

中国経済を見る上で重要なポイントは中国自体、ドルがなくては自国経済の運営が困難になることだ。中国人民銀行による人民元資金発行は流入するドルに支えられてきた。中国自体、人民元での支払いや受け取りを増やしたところで、カウンターパートとの貿易や投融資の取引ではドルを用意しないと対応出来ないはずである。

現に、前述したように国際金融市場香港に持ち込まれた人民元はさっさとドルなどに転換されている。即座に売られるので、人民元安が加速しかねない。中国経済は不動産バブル崩壊を受けて物価が下がるデフレ圧力が強くなっており、元安下で高インフレに見舞われる恐れは今のところないとしても、輸入コスト上昇は避けられない。コスト上昇を販売価格転嫁できないと、企業収益は圧迫され、デフレ不況を深刻化させる。若者の失業率は２０２３年６月時点で21％を超え、慌てた習政権は７月の若者失業率の発表を中止した。先述のように、不動産バブル崩壊とそれが引き起こす金融

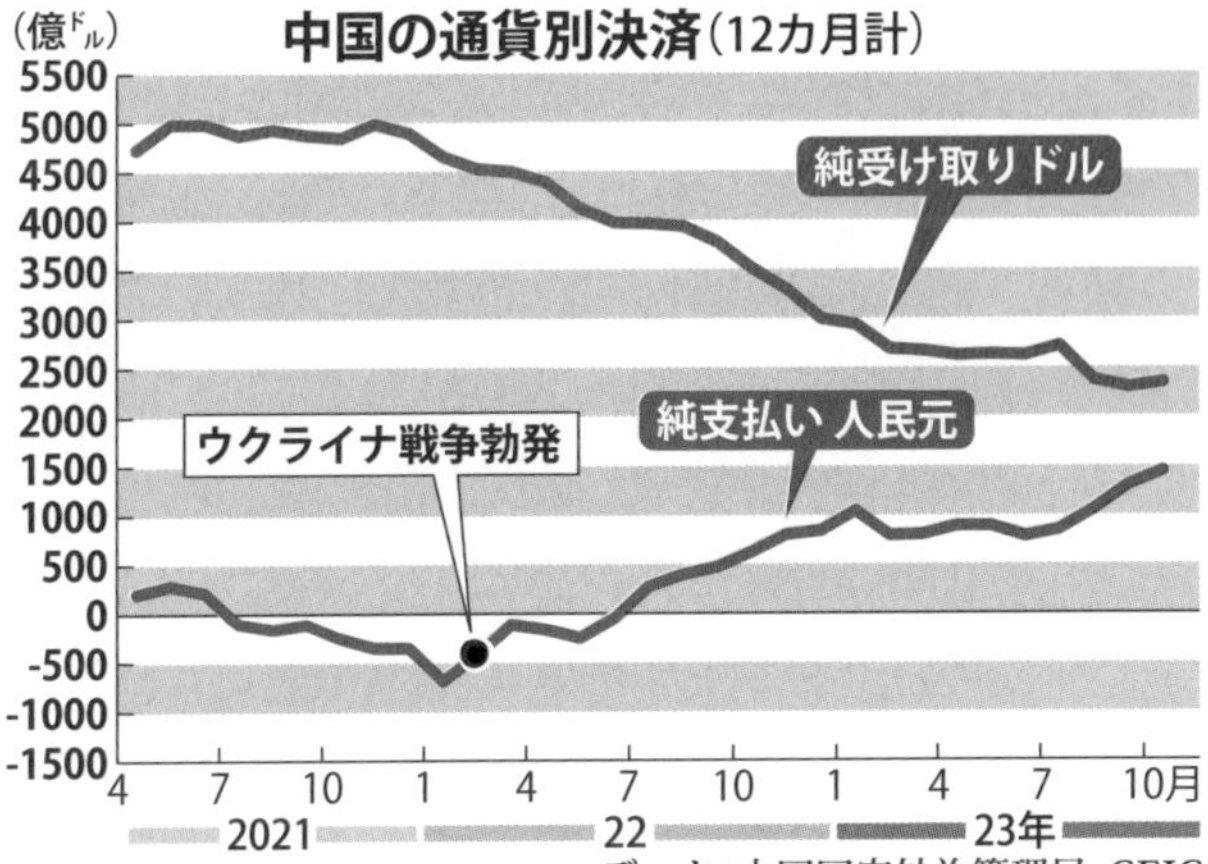

データ：中国国家外為管理局、CEIC

不安は実体景気を萎縮させるばかりか、外資の引き揚げを招いている。それもまた人民元売りの要因だ。

人民銀行がドル資産の裏付けなくして、人民元を大量発行すれば、中国国民の間での人民元の信用が失われるとの不安を党中央は抱いている。1989年6月の天安門事件当時はドルの裏付けのない人民元の増発を背景に高インフレが発生し、市民の不満が高まっていた。以降、人民銀行は人民元発行高に対する外貨資産の比率の上昇に努めてきた。

2008年9月のリーマンショック後、中国が即座に大々的な財政出動と融資拡大に踏み切って二桁台の経済成長を遂げたのは、人民銀行が豊富なドル資産を有していたからだ。当時は、ドル換算した人民元資金発行残高よりも人民銀行のドル資産が多かった。人民銀行は易々と財政支出を支え、国有商業銀行などに巨額の資金を供給出来た。ところが、10年ほど前から、人民銀行の元資金発行高に対する人民銀行外貨資産の比率は下がり始め、23年7月で62%台となった。人民銀行は従って、思い切った量的拡大と金利の引き下げに踏み切れない。人民元の信用毀損、即ち人民元相場の急落を招きかねないからだ。

そこで、中国の通貨別対外取引を受け取りと支払いの差額、つまり純ベースで算出してみると、前述した人民元決済シェア躍進の影の部分があらわになる。グラフがそれだ。

ドルの純受け取りは、ドルによる入金からドルによる支払い分を差し引いた額である。人民元の純支払いは、人民元払いから人民元入金分を除いた。いずれも億ドル単位である。みると、ドル純受け取り額は人民元の純支払いの増加とともに減っている。人民元払いが増える分だけドル資金を節約できるのだが、相手国がドルに代えて人民元での支払いを増やすので、ドルの流入が減ることになる。すると、前述のように、言わば準ドル本位制の中国の通貨発行は大きく制約される。人民元決済の対象地域及び量の拡大は国際政治面では習政権の権威を高めるかもしれないが、下手をすると中国経済を揺るがすリスク要因に転化しかねない。

アルゼンチンのドル回帰

脱ドルをめざしながら、ドルが入らなければ経済は疲弊してしまう。このジレンマを抜本的に解消するためには、人民元の全面的な自由化しかないはずである。人民元の管理変動相場制をやめ、日米欧のように自由な変動相場制にすれば、中国人民銀行による外国為替市場での介入は乱高下がひどいときに限られ、外貨準備は最小限で済む。ドル資産の裏付けがなくても、人民元の信用を維持するためには、金融、資本市場の規制を撤廃し金融商品をそろえる。大口の資本移動も完全自由とすれば外国投資家を引きつけられる。そうすると、不動産や株式、債券が崩落しても、外国の投資ファンドが買いにくるだろう。多くの国々が人民元決済に応じ、対中投資を盛んにするだろう。

ところが、習政権は自由化に応じるわけにいかない。何よりも、共産党による中国経済支配は人民元を共産党の統制下に置くことが基本になっている。人民所有の建前のもとに土地の配分権を独占して、住宅、工場、インフラなど固定資産投資を計画し、それに応じた財政、金融政策を党が指揮する。ハイテク投資を担う企業も資金供給する銀行も党の指令下にある。だからこそ巨大な利権が党官僚に集中し、生産や不動産などの過剰投資や不動産バブルを生んで、不正蓄財を横行させる。

自由化は利権の喪失を意味する。党権力の介在を許さないという意味での自由化は独裁体制の廃棄と政治の自由化、民主化と同義である。だからこそ、習政権は自由化とは逆の挙に出た。２０２３年3月以降、本来は行政機構である国務院の一角に位置する中国人民銀行を実質的に党中央の直轄支配下に置いた。主要な金融政策は党中央金融委員会が決め、人民銀行が実行する。

党による金融市場支配のもとでの人民元決済の拡大は、とどのつまりは金融と人民元の崩落危機を招きかねない。それこそは、中国金融が巨大なだけに世界経済を揺さぶりかねない。

そこで注目されるウォール街金融資本の動きは第5章で述べる。

アルゼンチンでは経済学者のミレイ氏が２０２３年12月、大統領に就任し、通貨の中国・人民元依存をやめ、米ドル化を打ち出した。米中通貨代理戦争が始まったかのようだが、真相はどうか。

アルゼンチンは高インフレと通貨安に苦しんできた。23年10月、消費者物価は前年比2・4倍、通貨ペソはドルに対して55％安、1ドル349ペソだ。1994年12月に1ドル＝1ペソとする固定相場制を採用したが、2001年末に破綻した。以来、通貨不安と高インフレに悩まされ続けている。そこにつけ込んだのが中国だ。

フェルナンデス前政権は23年4月、最大の輸入先の中国との間でドル決済を中止して人民元決済に切り換えることで合意し、6月には通貨スワップの拡大で合意した。アルゼンチンは大幅な対中貿易赤字を抱えている。対中輸入を対中輸出で得られる人民元で支払い、足りない部分は通貨スワップ協定に基づきペソと交換した人民元で支払うことが可能になり、アルゼンチンはドル不足から来る重圧を大幅に緩和しようとした。

前述したように、中国の習近平共産党総書記・国家主席は22年2月勃発のウクライナ戦争以降、グローバルサウスを人民元経済圏に取り込もうと策略を凝らしてきた。アルゼンチンの政権交代で目算が外れたことになる。

中国の対外決済人民元化はどこまで進んだのか、前出のグラフ（115ページ参照）「通貨別決済」を再度見よう。中国の商業銀行が顧客の委託で行う通貨別の決済データをもとに、純ベースでのドルの受け取りと人民元の支払額の推移を追っている。ロシアのウクライナ侵略以降、貿易や金融面での人民元払いが急増するのと対照的に、ドルの受け取りが急減している。大きな理由は、米国などからの制裁でドルを使えなくなったロシアが中国向け石油輸出など代金決済の多くを人民元建てに切り替えたためだ。さらに、前述のアルゼンチン向けなど、中国が多くの新興国や中東産油国などにドル決済を人民元決済に切り替えるよう働き掛けてきた成果でもある。

このトレンドが続けば、人民元払いがドル受け取りをしのぎそうだが、容易ではない。中国の貿易相手国がアルゼンチンのように対中赤字の場合、対中輸出や中国との通貨スワップで確保できる人民元を使えば、ドル依存を軽くできる。ドルを武器に政治的圧力をかける米国に反発する国はそこに着目する。それでも、アルゼンチン新政権誕生が示すように自由主義を尊重し、強圧的な共産主義を警戒する勢力は健在だ。

では、中国自身はどうか。習政権は「脱ドル」を狙うが、実のところはドル不足に悩まされ、財政、金融で思い切った拡大策がとれない。繰り返すが、不動産バブル崩壊を受けて、外資が中国市場から引き揚げているし、富裕層も資産を海外に逃避させているからだ。そんな中で、相手国がドル払いを止めると、その分ドル不足が激しくなる。ミレイ政権が人民元依存を止めドル払いに回帰してくれることを、習政権は黙認するしかないだろう。

第4章　「ドルVSモノ」消耗戦

ロシアの援軍となった人民元（2022年4月29日）

ウクライナ侵略のロシアに対する米欧日の金融制裁は、ロシアの通貨ルーブルを暴落させる狙いだが、ルーブルは安定を取り戻しつつある。プーチン・ロシアの通貨防戦を裏で支援しているのが中国の習近平総書記・国家主席である。

金融制裁はロシアとのドル取引禁止、国際銀行間決済システム「ＳＷＩＦＴ」からのロシアの一部銀行の排除、そして米欧日の中央銀行に預けているロシア外貨準備資産の凍結だ。

ＳＷＩＦＴ制裁は、天然ガスの輸出代金決済窓口となっているガスプロムバンクなど最大手2行を除外した。ロシア側にとっては、政府収入の約5割を占めるエネルギー輸出代金がほぼ従来通り入ってくる分だけ、制裁による打撃が軽くなる。

バイデン米政権はそこで、欧日と結束してロシアの在外外貨準備資産を封じ込め、ロシアの通貨当局がルーブル相場防衛のためにドル、ユーロ、英ポンド、円など西側

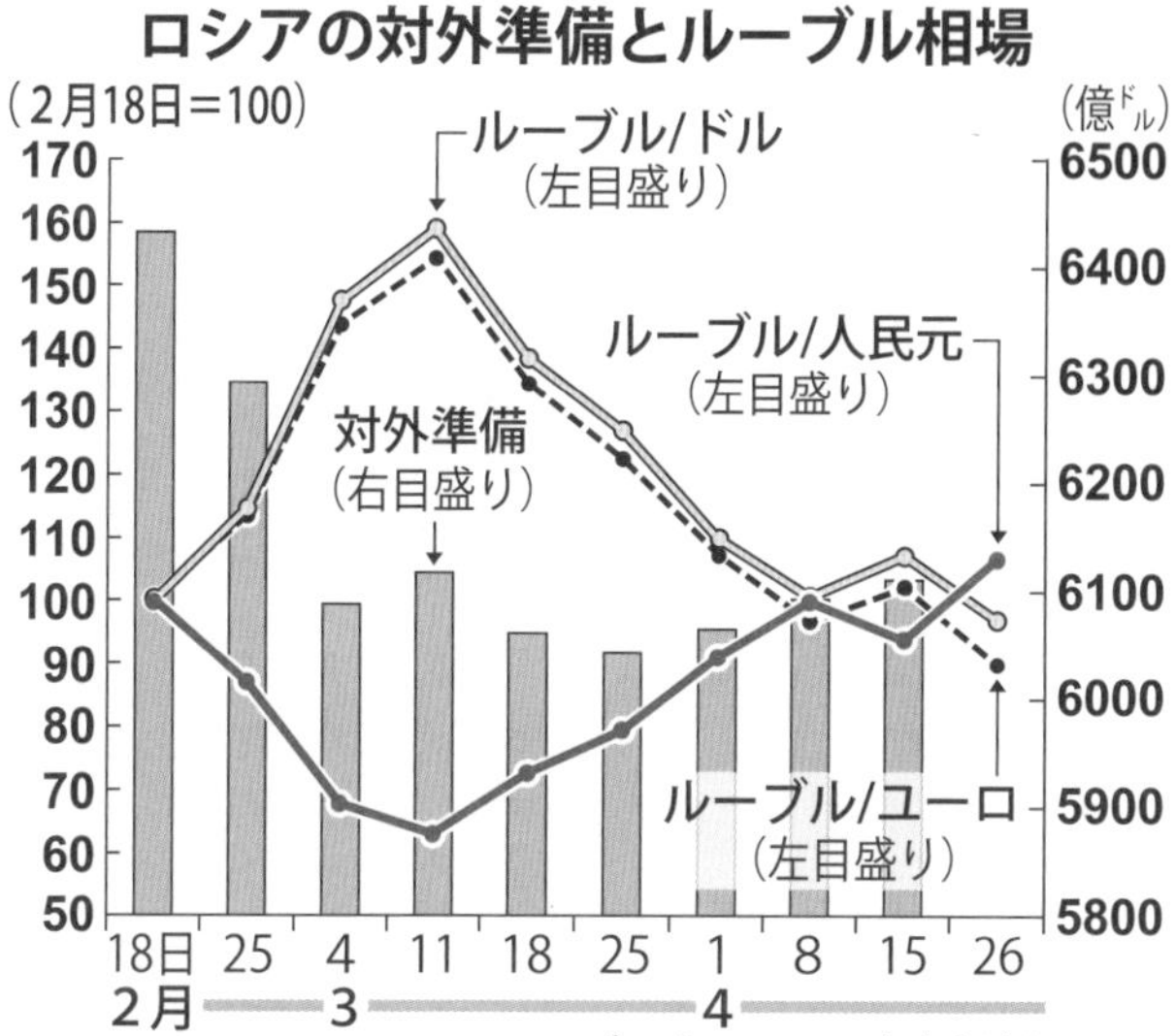

通貨を売ることができないようにした。

制裁開始から2カ月以上たった２０２２年４月末時点の効果はどうか。

グラフはロシアの対外準備資産（外貨準備と金準備合計のドル換算額）と、ルーブルの対ドル、ユーロ、人民元相場の指数である。同指数は、ウクライナ侵攻前の22年2月18日時点の水準を１００として筆者が算出した。数値が高ければルーブル安、低くなればルーブル高となる。

一目瞭然、ルーブルは２月24

日の侵攻開始後、ただちに発動された西側の金融制裁を受けるや3月11日までに対ドルで6割も安くなったが、4月26日時点では制裁前の水準より若干高くなった。ユーロ、さらに円など残る主要西側通貨もルーブルに対してドルと同じ動きをみせている。ロシアはひとまずは暴落危機を乗り切ったのだ。

金融制裁の衝撃をかわす「援軍」となったのが人民元である。グラフが示す通り、ルーブルの対人民元相場は対ドル、ユーロとは真逆の動きを見せている。制裁直後は、ルーブルが人民元に対してのみ強くなった。ロシアの外為市場ではルーブルが売られてドルやユーロが買われたのとは対照的に、人民元が売られてルーブルが買われた。

ロシア当局は外貨準備のうち、中国人民銀行に預託している人民元を使って、ルーブル相場を下支えした。ルーブルの全面安は回避できたのだ。人民元建ての準備資産はかなり減ったが時間は稼げた。ロシア国内に限っては有用性の高まる人民元に対し、ルーブル相場が下落する流れとなった。

筆者の推測だが、欧州などから入るエネルギー輸出代金のドルやユーロをロシア中央銀行の管理下に置くことで、外為市場でのドル、ユーロ売り、ルーブル買いに対応できるようにし、対外準備資産縮小も人民元流入のおかげで止まった。

習氏はウクライナ侵攻前にプーチン氏に対し、限りない対露協力を約束したが、早速の人民元の提供でとりあえずはバイデン氏らのルーブル潰しを阻止したことになる。西側は中国に制裁圧力をかけるべきなのだ。

西側の無力な対露制裁

（2022年7月1日）

ロシアの残虐非道なウクライナ侵略が続く中、2022年6月末に先進7カ国（G7）首脳会議がドイツ南部のエルマウで開かれたが、露呈したのは米欧日対露経済金融制裁の行き詰まりである。

G7サミットと銘打っているからには「成果」を誇示するが、宣言文を発表した時点で死文と化すのが例年のパターンだ。今回、首脳たちはロシア・プーチン大統領のマッチョぶりを話題に興じる軽さで、これではプーチン氏にコケにされるのも無理はないか。

対露追加制裁として話し合われたのは、ロシア産石油価格への上限設定やロシア産金の輸入禁止だが、「一物一価」の法則が働く国際商品の代表格である石油や金について、ロシア産の取引だけを排除するための実行策をどうするのか。

石油取引制限案は、G7設定の上限を超える価格で取引したロシア産石油を運ぶタ

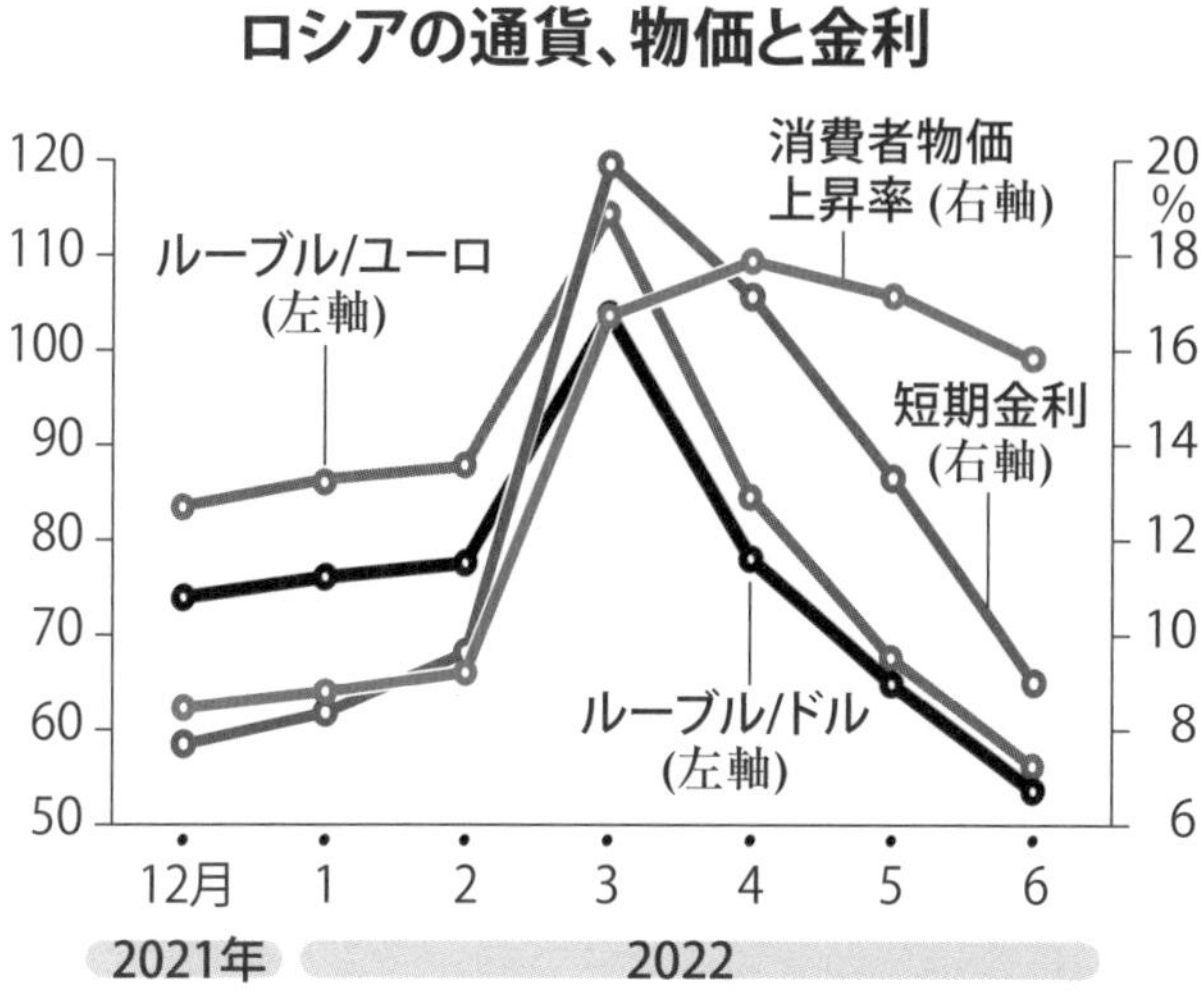

データ:ロシア中央銀行、CEIC

ンカーへの船舶保険提供を禁じるという具合だが、それならまず、世界の海上輸送損害保険の元締めである英国のロイズ保険組合に対し、ロシア産石油輸送タンカーへの保険適用を全面停止させればよい。行き場を失ったロシアの原油は価格を大幅に引き下げるしかなくなる。

金の国際取引の中心はロンドン市場で、ロシア金だけを標的に市場取引を禁止すれば済むのだが、ロシア産なくしてロンドン金市場は成り立たないから英ジョンソン首相（当時）は黙る。ロンドン市場は石油も金も自由市場という建前あってこそだが、それが扱う主力のロシア産を排除することは看板に偽りありとなるのを、英国は恐れる。

国際商品・国際金融市場では、ロンドンと一体になっているニューヨーク市場を抱える米国のバイデン大統領が英国の首相に同調するのは当たり前で、結局は中身に欠ける対露石油、金制裁で米英が足並みをそろえ、それぞれ弱みを持つ日本やドイツなども米英案に異議なしというわけだ。

さて、無力な西側の対露制裁を端的に表すのが本グラフである。

ロシア軍がウクライナ国境を越えた2022年2月24日以降、米欧日は金融制裁に踏み切り、ロシアの通貨ルーブルは急落し、ロシアの金利も大幅に上昇した。ところが、ルーブルは22年4月以降上昇に転じ、6月下旬にルーブルの対ドル、ユーロ相場はウクライナ前よりも高くなっている。金利も侵略前の水準に戻った。

物価は高水準だが、峠を越えたようである。2022年2月下旬時点で約6400億ドル（約73兆9200億円）のロシアの対外準備は、6月下旬までに600億ドルほど減ったあと下げ止まっている。外準減はルーブルの買い支え市場介入に伴うのだが、もはや介入も最小限で済む。

ロシアの外貨資産の安定した運用に協力しているのは中国である。中国はロシア石油と穀物の輸入を急増させているばかりでなく、約1000億ドル分のロシア外準を預かり、ルーブル相場下支えに協力する。

中国の対露協力を野放しにしていることが、G7制裁不発の一大要因なのだ。

原油高騰の理由はウ戦争ではない（2022年8月26日）

「ロシアのウクライナ侵攻という外的ショックによる物価高騰が、世界各国の経済を襲っている」とは、2022年6月下旬、ドイツでの主要7カ国首脳会議（G7サミット）に出席したときの岸田文雄首相の発言で、いかにもそうだとばかりにメディアが報じた。間違いである。

原油高騰はウクライナ戦争のせいではない。カネのなせるわざである。

グラフは、代表的な油種である米国のウエストテキサス・インターミディエイト（WTI）の翌月先物価格と、米連邦準備制度理事会（FRB）のドル資金供給量の各推移を組み合わせている。先物とは、前もって将来の売買価格を決めて行う取引のことで、価格変動リスクを回避できる。商品投機の手段であると同時に、先行きの相場の動向に大きく影響する。

原油相場の上昇は2020年夏に始まっている。ロシア軍のウクライナ国境越えは

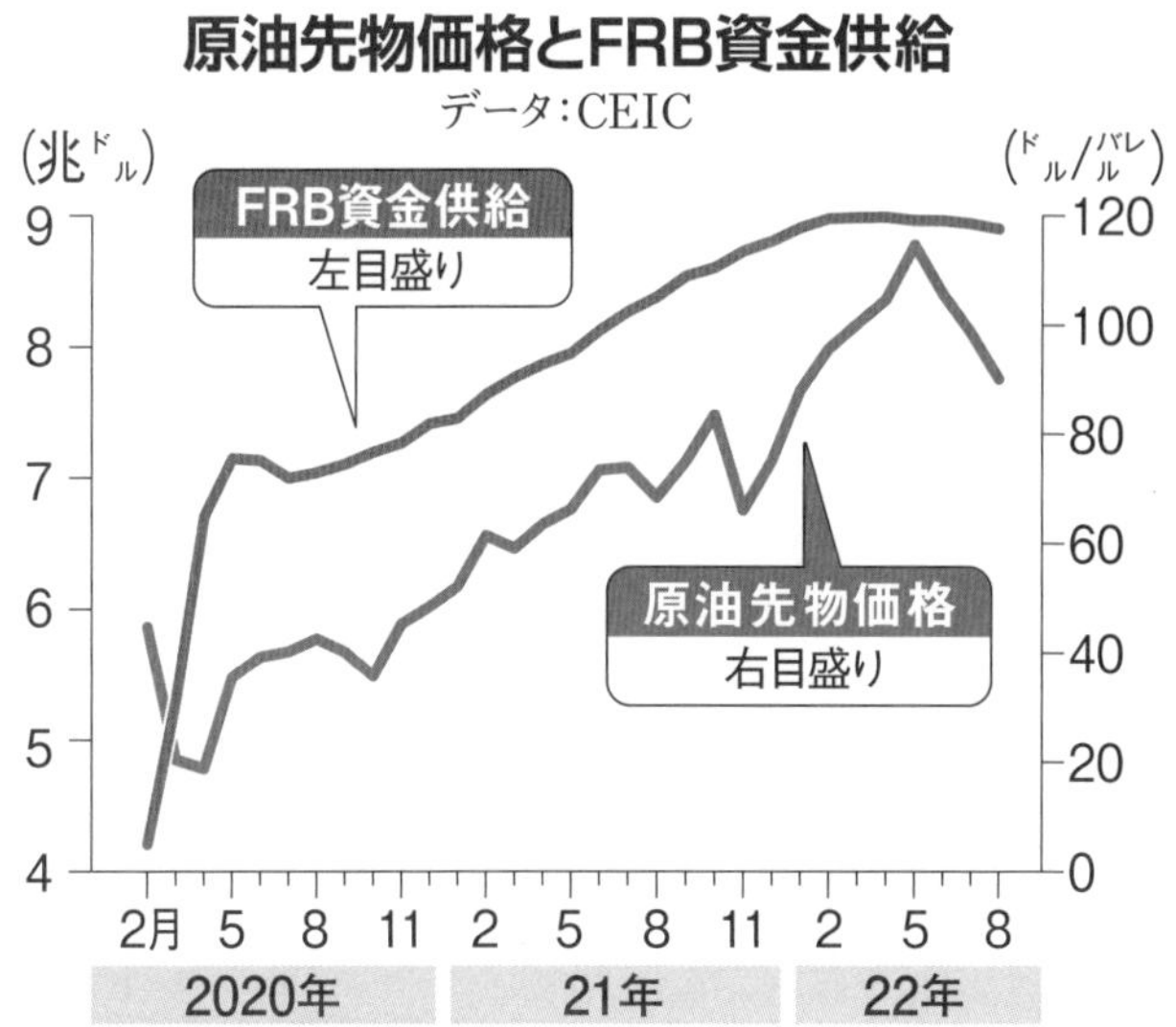

22年2月24日だが、それより1年数カ月以上前から上向き、次第に速度を上げてきた。そして、高値のピークは22年5月で、6月以降は下落に転じている。原油高騰はウクライナ戦争のせいだと騒ぐのは、無知をさらけ出すようなものだ。

第2に、原油相場はFRBの金融政策と密接な関係がある。

FRBは20年3月に中国・武漢発の新型コロナウイルス・パンデミック（世界的大流行）が勃発すると、金融の量と金利の両面で超緩和政策に踏み切った。ドル資金供給残高は20年2月に4・2兆ドル（約576兆円）だったが、5月には7・14兆ドル（約980兆円）と急速に膨張し、その後も量的拡大を続けた。

後を追うように原油相場上昇が続く。資金供給量は22年1月には8・91兆ドル（約1224兆円）、4月の8・99兆ドル（約1235兆円）で量的緩和を打ち止め、5月から漸減傾向にある。原油相場のピークは先述したように5月であり、量的緩和の終了とタイミングが合う。

原油相場はもちろん需給関係を反映する。供給面で需給逼迫《ひっぱく》のきっかけをつくったのは20年4月、サウジアラビアなど石油輸出機構（OPEC）加盟国にロシアなど非加盟生産国も加えた「OPECプラス」による協調減産の合意である。OPEC・非OPEC合計では過去最大規模となる日量970万バレルにもなる大規模減産だった。

当時はコロナショックのために石油需要が減るとの予想から、原油相場は1バレル当たり18ドル台にまで落ち込んでいたが、協調減産合意後、反転し、上昇軌道に乗った。

なぜドル資金と原油相場は関連が深いのか。まず原油などの国際商品価格はドル建てであり、ドル資金が一挙に増えると原油ばかりでなく、穀物、金属・鉱物など国際商品市場に流れ込んでくる。原油先物市場の年間取引規模はニューヨーク株式市場取引の1日分にも満たないほどだ。

その資金の担い手は投機ファンドである。投機勢力はＦＲＢ政策に敏感だ。ＦＲＢが22年3月の利上げ開始、さらに量的緩和打ち切りに動くと、原油先物買いを手仕舞う。原油相場の軟調は今後も続きそうだ。

ウクライナ戦争による「通貨攻防」（2022年9月25日）

ロシアによるウクライナ侵攻は戦局に目を奪われがちだが、私たちの生活を左右するもう一つの重大な側面がある。米露の通貨攻防である。それはドル相場の全面高やエネルギー、穀物相場高となり、日本では円安、物価高へと波及する。どうなるのか。

ウクライナ侵攻の背後に隠れているロシア・プーチン大統領の意図は、基軸通貨ドルを駆使する米国の覇権崩しである。プーチン氏の「武器」が世界有数の産出量を誇る原油・天然ガス、金、さらに小麦などの穀物だ。ドル建ての国際商品相場高騰は米国の高インフレを招き、ドルの信用を損ないかねない。

バイデン米政権は、2022年2月24日にロシア軍が侵攻を始めるや、欧日と組んで直ちに対露金融制裁に踏み切った。

ロシアの金融機関を国際資金決済網である国際銀行間通信協会（ＳＷＩＦＴ）から排除すると同時に、西側中央銀行が保管するロシアの外貨準備の約５割を凍結した。

ロシア・ルーブルの主要通貨別レートおよび原油、小麦、金の国際相場（2月末=100）と米政策金利（%）

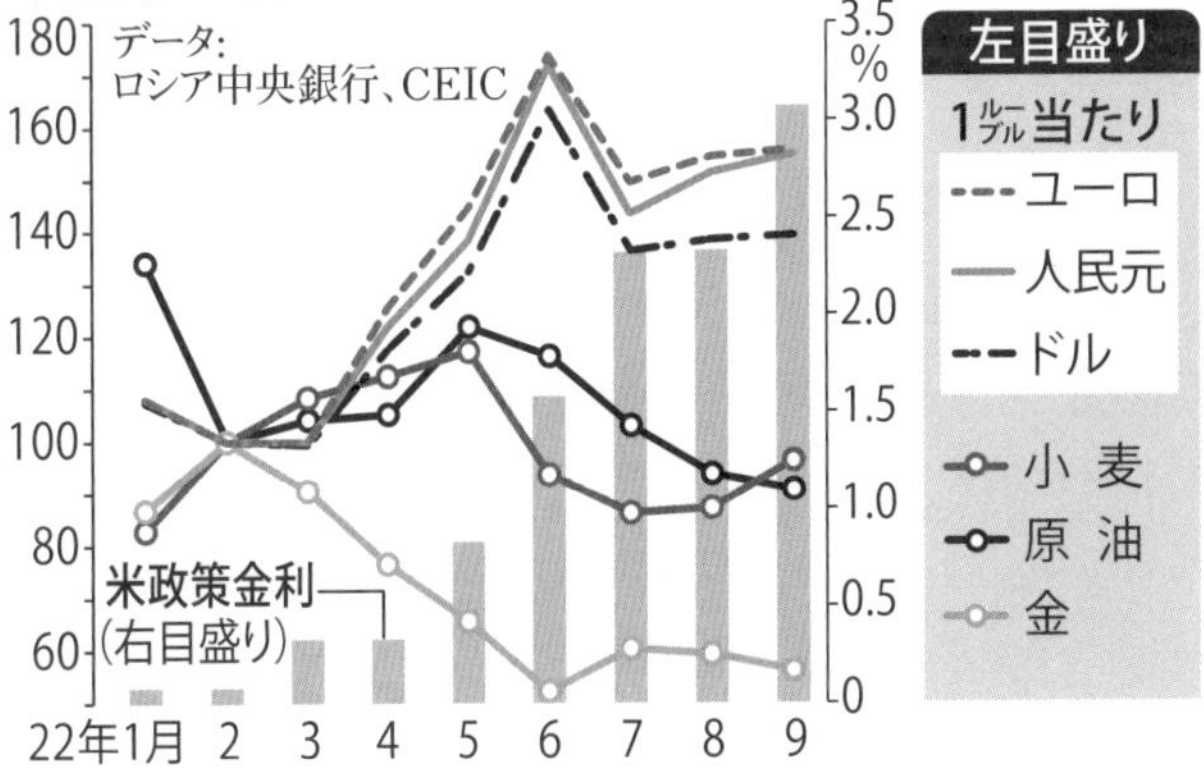

通貨ルーブルの信用崩壊をもくろんだのだ。

そして、米連邦準備制度理事会（ＦＲＢ）は３月から大幅利上げとドル資金発行量の縮小に乗り出した。国際商品市場へのドル投機資金の流入にブレーキをかける。米国の高インフレ退治とロシアの輸出収入減という一石二鳥となる。

グラフは22年初来のドル、ユーロ、人民元の対ルーブル相場、原油、小麦、金の国際相場（ドル建て）について、２月末を１００とする指標に置き換え、米政策金利を対照させた。一目瞭然、ルーブル相場は全通貨に対して2月末に下落したのはつかの間で、4月以降は上昇に転じた。2022年9月時点では2月末に比べて対ドルで4割、対ユーロ、人民元は5割を超す上げ幅である。ドルは対円を筆頭に主要通貨に対して全面高なのだが、ルーブルに関しては逆だ。

ルーブルはドルに勝ったように見えるが、本当にそうなのか。金相場は22年9月までに4割以上下落した。原油は6月から下がり始めたが、速度は緩慢である。小麦も6月に下落したあと再び上昇するようになった。原油は供給サイドの石油輸出国機構（OPEC）とロシアが結束して増産を拒否している。小麦はウクライナ産の黒海輸送ルートが国際合意通り正常化するかどうか不安が残る。とはいえ、FRBは9月21日の大幅利上げ後もインフレ収束に向けて金融引き締めを続けるので、国際商品市況に下押し圧力が強まる情勢だ。

ルーブルは確かに「強い」。だが、通貨高は輸出大国にとっては収益増どころか逆に作用することは、円高時代の日本企業の打撃を見ても明らかである。国際商品の標準相場はドル建てである。ドル建てで輸出する国は為替差損を被る。

脱ドル政策を進めるロシアは欧州とはユーロ建て、中国とは人民元建ての輸出に移行しているが、グラフが示すようにルーブル相場は対ユーロ、人民元で対ドル以上に高くなっている。ということは、ドル建てをやめてもロシアはルーブルで最終的に記載される収入はルーブル高の分だけ減ることになる。そんなジレンマから、プーチン氏はユーロ建てになっている欧州に対する天然ガスの輸出をルーブル建てに変更しろと強く要求してきた。ルーブル建てなら、為替差損は生じないからだ。

中露関係はどうか。２０２２年2月4日の北京冬季五輪開幕時のプーチン氏と習近平共産党総書記・国家主席の会談で、両国間の貿易決済通貨をドルからルーブルと人民元に置き換えることで合意した。だが、元、ルーブルとも使い勝手が悪い。しかもルーブル高だ。

中国にとっては人民元でロシア産原油、天然ガスや小麦を買いたいが、ロシア側にとっては手にした元は中国製品購入にしか使えそうにない。ロシアとしては強いルーブルで決済したい。しかし、ルーブルは西側の金融制裁のためにドルやユーロに替えられないので、中国側は嫌がる。中国製品で欲しいのは西側の禁輸制裁のために不足する半導体などのハイテクや武器だが習政権は米国からの2次制裁を恐れて及び腰だ。

ロシアはエネルギー輸出収入の一部を政府系の国民福祉基金に積み立ててきた。基金は21年後半にドル建て資産をゼロにする代わり、人民元建て資産に置き換え、22年

6月には総資産の22%、462億ドル相当が元建てだった。ところが7月からは元資産が一挙にゼロになった。基金はほぼ同時に、金での運用を中止した。真相は不明だが背景にはルーブル高、元安、金相場の急落があるに違いない。米国の高金利、ドル高政策はじわじわと効き始めている。今後のFRB政策はその点でも要注意なのだ。

一目瞭然「米ドルVS中露モノ連合」（２０２２年12月25日）

２０２２年は近代世界史の大転換点になった。「ドル覇権対ロシア・中国のモノ」の戦いが始まったのだ。来年以降も続くばかりか、終わりが見えないかもしれない。カネとモノのグローバル化が止まる。日本は国内市場にぐっと軸足を据えるべきなのだ。

「米国はドル覇権、ハイテク独占によって世界に寄生して収奪し、貢ぎ物を集めて覇権的家賃をむさぼっている」

ロシアのプーチン大統領の22年９月末の演説だ。

プーチン氏一番の盟友は中国の習近平党総書記・国家主席である。人民元資金発行をドル準備に頼る中国は金融制裁におびえる。両首脳は22年２月４日の北京冬季五輪開幕式に合わせて会談し、「（ロシアと中国の）友情に限界はなく、協力する上で『禁じられた』分野はない」とうたった。ロシア軍のウクライナ侵攻はその20日後である。

ロシアはエネルギー資源ばかりでなく小麦、鉱物、肥料などの輸出大国である。その相場はドル金融に翻弄されてきた。プーチン氏らにとって最大の屈辱は旧ソ連邦の崩壊である。基軸通貨ドルとセットになっている石油相場がワシントンの意向によって安く抑えられ、エネルギー輸出税収が約5割を占める旧ソ連財政は破綻した。

この教訓を踏まえたプーチン氏は旧ソ連がほとんど立ち入らなかった中東への関与を深め、20年4月には石油輸出国機構（ＯＰＥＣ）盟主のサウジアラビアを抱き込んで、ロシア・ＯＰＥＣの協調減産で合意し、その後の石油相場高騰へと導いた。

ウクライナ侵攻後、米国を中心とする西側世界は対露金融制裁に踏み切った。ロシア中央銀行が日米欧に預けている外貨資産の約半分を凍結し、国際銀行間資金決済ネットである国際銀行間通信協会（ＳＷＩＦＴ）からロシアの銀行の多くを締め出した。西側は、ロシア経済が崩壊の危機に見舞われると見込んだが、あにはからんや、ロシアの通貨ルーブルの急落は一時的で、22年4月以降はドル、ユーロに対して強くなっている。プーチン氏は欧州に対して天然ガス輸出代金決済のルーブル建てを強制し、ルーブル需要を押し上げた。中露貿易はルーブルまたは人民元建てとし、輸出入を拡大させている。

米国と中国・ロシアの項目別世界シェア

データ：CEIC、IMF、米半導体工業会、米農務省

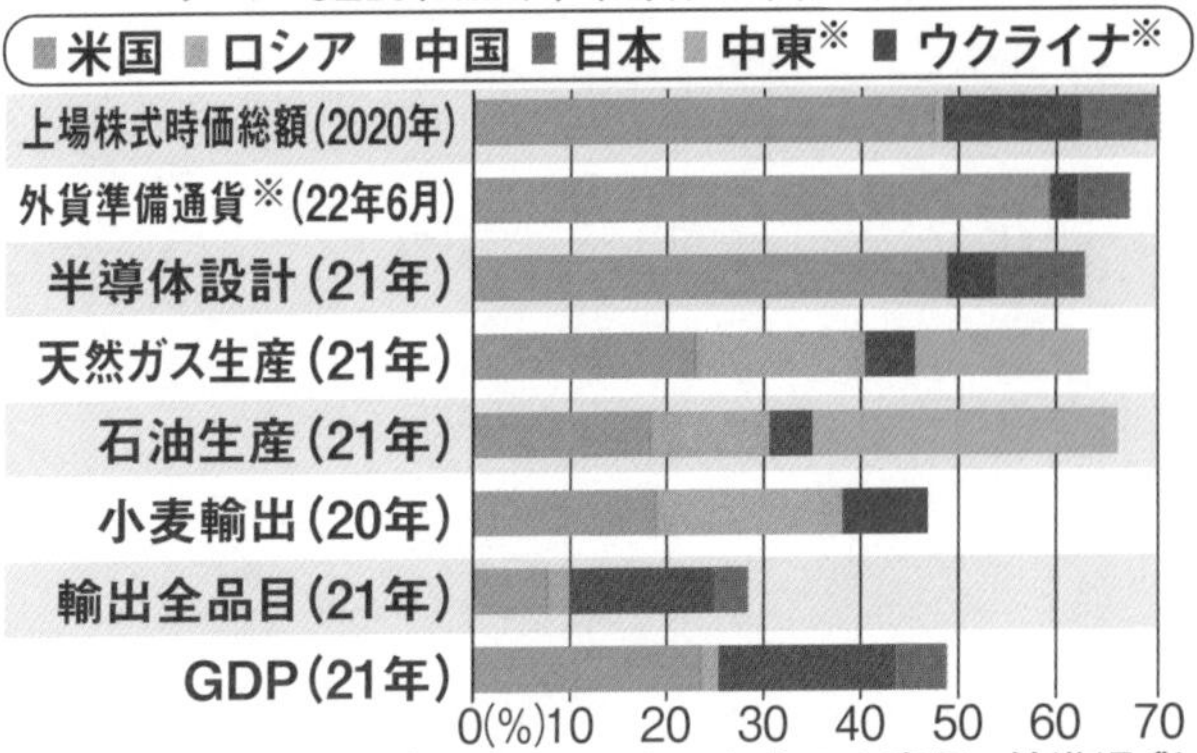

※中東は石油、天然ガス、ウクライナは小麦のみ表示。外準通貨は米国ドル、中国人民元、日本円。ロシアルーブルはデータなし

ドル金融制裁をかなり無力化させたロシアの策は、異例の３期目に入った習氏には大いに参考になるだろう。

台湾併合に向けて強硬策をとる場合、習政権が恐れるのは米国による金融制裁だ。米上院外交委員会が９月中旬、圧倒的多数で可決した「台湾政策法」案は、大統領が中国の大手銀行３行以上に対し米金融機関とのドル取引を禁じることができる、という条項が目玉だった。ところが、米議会超党派は金融制裁条項を消去せざるをえない情勢だ（台湾政策法は２０２３年度国防権限法に一部組

み込まれたが金融制裁条項は削除された）。肝心のバイデン大統領が金融制裁すれば、おびただしい返り血を浴びると恐れ、強く反対しているからだ。

先のサッカーワールドカップのグッズ生産は浙江省義烏市の業界が7割を占めた。小物・雑貨に限らない。中国は医薬品、スマートフォンに至るまで世界のモノの生産・供給の中心である。モノの貿易はドル決済が主流で、その分中国の大手銀行はドルの国際銀行間取引に深く関与している。中国の銀行大手4行は資産ランキングで上位を独占し、全世界の銀行総資産のうち中国シェアは約3分の1で米銀を圧倒する。

国際金融市場は銀行間での資金融通で成り立っている。ドル取引を禁じられる中国銀大手は信用不安に陥る。すると、危機は中国市場にとどまらず、ニューヨークなど国際金融市場全体に連鎖しかねない。

かくして、ウクライナ戦以降の世界は「ドル対モノ」の戦いとなった。今後、どんな展開になるだろうか。

グラフは米中露の「武器」となる項目別の世界シェアで、日本分も加えた。基軸通貨国だけあって、米国の株式時価総額、ドルの外貨準備通貨シェアは絶大だが、モノ全体の輸出は中国が、ロシアはウクライナを支配下に置けば小麦輸出で米国を圧倒できる。石油、天然ガスの生産シェアは米国が優勢だが、国内消費分を差し引いた石油の輸出余力は米国にはほとんどない。しかも、ロシアは石油でサウジアラビアなどOPECを抱き込んだ。習氏もまたサウジに接近し、石油の人民元建て取引を働き掛けている。

金融制裁という「伝家の宝刀」を抜けないと、米国の強みは半導体に絞られる。半導体設計シェアをみれば、他を寄せ付けない。だが、習政権は半導体禁輸に対し、電気自動車などに欠かせないレアアース（希土類）の禁輸で報復できる。消耗戦は不可避なのだ。

中国がロシア原油を高額購入

（2023年7月28日）

ロシアによるウクライナ侵略戦争の膠着《こうちゃく》状態が続いている。西側による対露制裁はロシアの財政基盤を破壊する威力に欠ける。ロシア財政と金融を背後で支えているのは中国である。

中国の習近平共産党総書記（国家主席）は2022年2月4日、北京でロシアのプーチン大統領に対し、「友情に限界はなく、協力するうえで禁じられた分野はない」と約束した。以来、中国はロシアに対し、財政、金融両面で協力してきた。この中国の行動に対し、バイデン米政権をはじめ、西側は黙認し続けている。

対露支援を代表するのはロシア産原油の国際相場を上回る価格での購入である。グラフを見よう。

油種が「ウラル原油」と呼ばれるロシア産原油は米金利高や西側の輸入制限措置を受け、22年半ば以降、下落が続いている。ウラル原油は成分が似ている油種である北

中国のロシア原油輸入とロシア原油国際価格相場

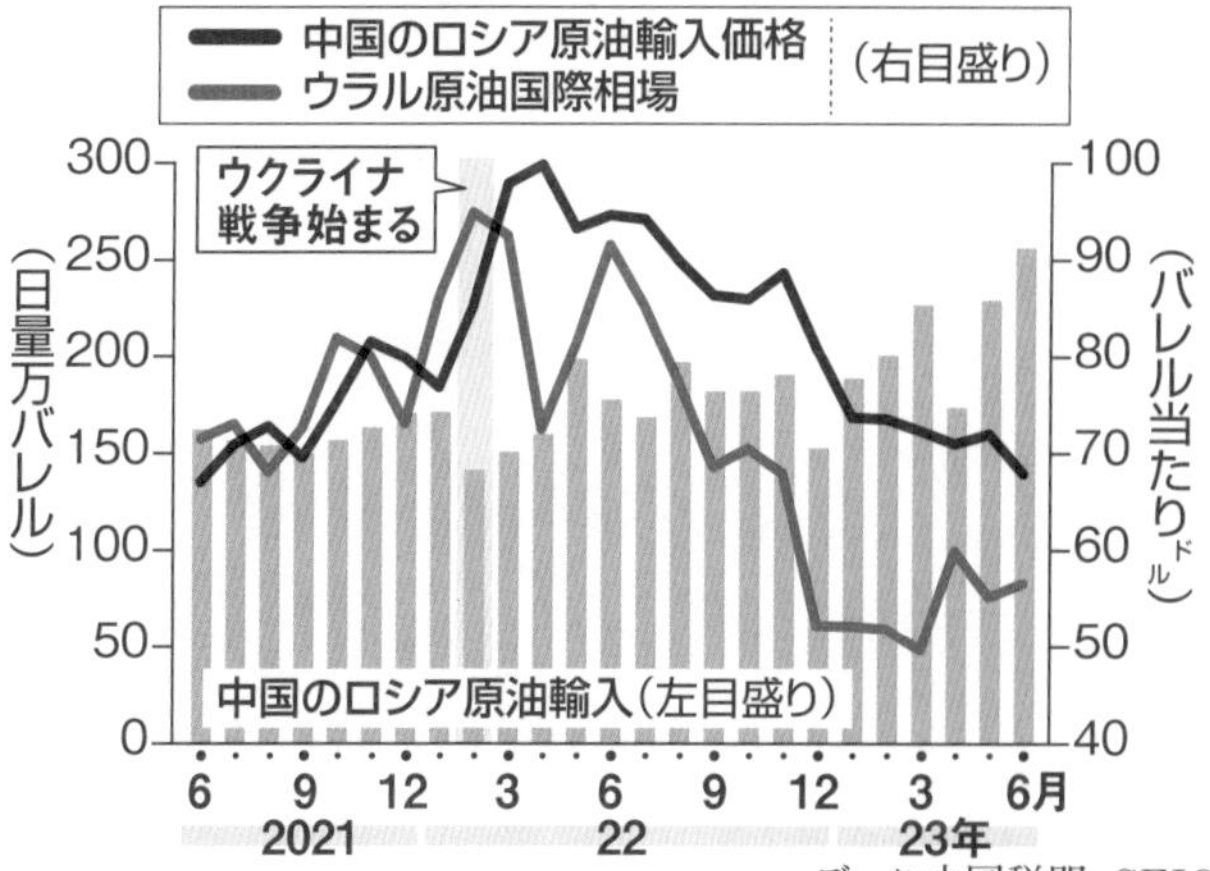

データ:中国税関、CEIC

海油田産出のブレント原油相場とはウクライナ戦争前は同水準だったが、最近では１バレル当たり20~30ドルもウラルが安くなっている。ところが、中国の税関統計データから算出してみると、中国はウラル原油の国際相場よりもバレル当たり16~20ドル余りも高い値段で輸入していることがわかる。しかも輸入量は急増しており、23年6月には日量２５６万バレルに達した。

中国と並ぶロシア原油輸入大国はインドであり、最近の輸入は日量約２００万バレルである。だが、インドの対露輸入価格はウラル原油の国際相場に沿っている。インドはちゃっかりとロシア原油を国際市況通り安く買っている。インドに劣らず計算高い中国がインドよりも年間平均で27％も高くロシア原油を買っている。

インドはウクライナ戦争で「中立」の立場をとり、ロシアとは「友好関係」を自認している。中国もまたウクライナ戦争に関しては「中立」の建前で、双方に対し和平仲介のそぶりをしきりに示す。

しかし、この数値が示すのは、習政権の欺瞞《ぎまん》である。実際の対露関係は北京での合意通り、盟友なのだ。これに対し、米欧日の先進７カ国（Ｇ７）が対中制裁の気配もないというのは異様である。

ロシア原油輸入を一日当たり２５０万バレル、国際相場より20ドル高く買い続けた場合、年間では１８２億ドル、16ドル割高の場合、１４６億ドルである。ロシアのウクライナ戦費は２００億ドル超とみられるが、その大半が中国による割り増し価格での輸入で賄える。中国がインドのように国際相場を基準に購入すればプーチン氏はたちまち財政難に追い込まれ、戦争継続が困難になるだろう。

習氏がなぜこうもプーチン氏を助けるのか。ウクライナ戦争が長引けば長引くほど、ロシア経済の窮迫化が進み、長大な国境を接する中国への依存を強め、ロシアの東部は中国の属州同然になりかねない。それこそは習氏の野望「中華民族の偉大なる復興」の道だ。他方、ロシアの弱体化を狙うバイデン政権とも利害は一致する。

第5章　米中金融戦争

米金利と人民元相場

（２０２３年９月19日）

中国経済について、バイデン米大統領の饒舌《じょうぜつ》が止まらない。バイデン氏は２０２３年８月10日、「爆発に向かう時限爆弾」だと断言。インドでの20カ国・地域首脳会議（Ｇ20サミット）閉幕後の23年９月10日には、会議に欠席した習近平中国共産党総書記・国家主席について、「今、国内で手いっぱいだろう。実行している政策のせいで厳しい経済問題を抱えている」「もはや台湾侵攻どころではないはずだ。中国に以前のような能力はないだろう」とし、台湾危機への警戒感を緩めたかのようだ。

そこで、設問。バイデン政権は経済危機に直面する習政権をこのまま突き放すのか、それとも裏では危機緩和に向け何らかの方法で手助けするのか。

経済力やモノの供給力を武器にした習政権の対外膨張路線は粗暴極まる。科学的根拠も示さずに福島第一原発処理水を「汚染水」と断じ、水産物の対日禁輸を強行するなどの経済的威圧も目に余る。

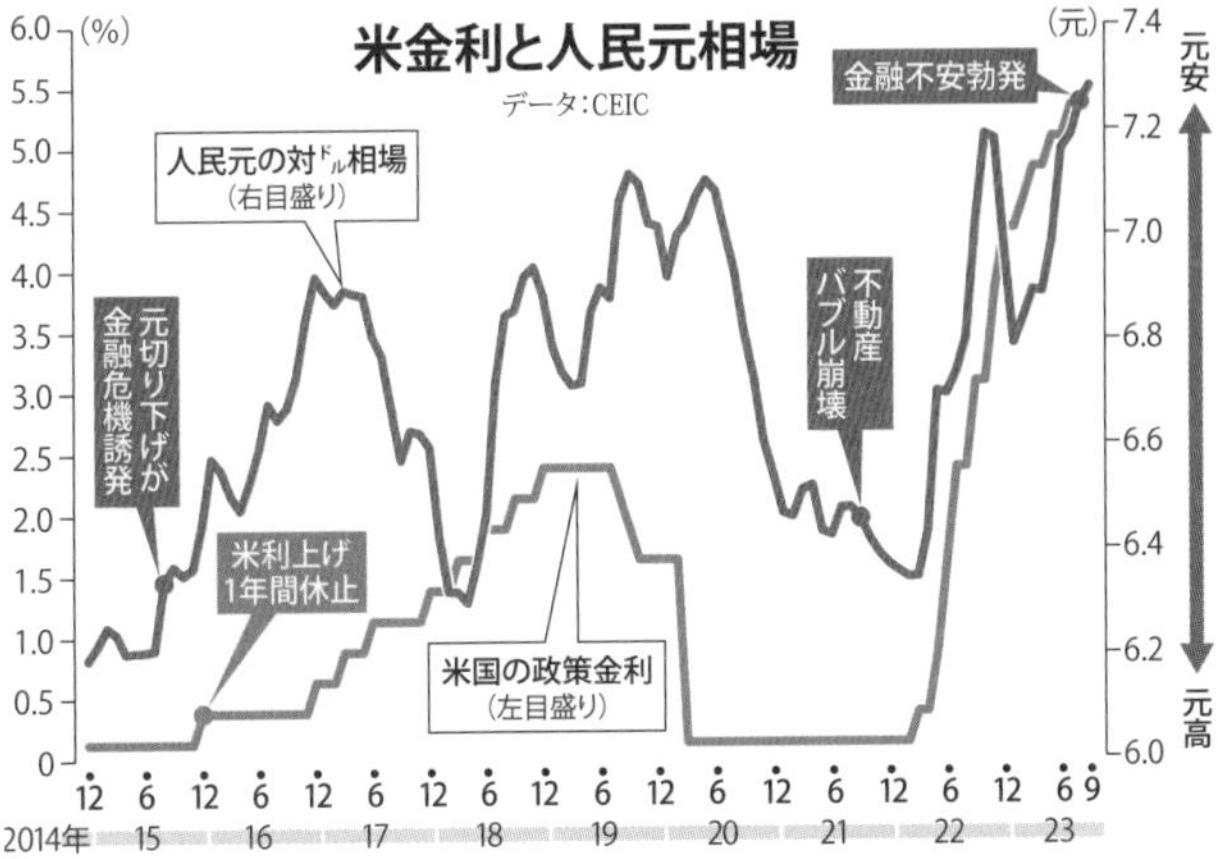

他方で、外国の企業や投資家の中国離れはウクライナ戦争開戦後の２０２２年３月以降に目立つようになり、月を追うごとに加速している。２０２１年後半から始まった不動産バブル崩壊は深刻化するばかりで、２０２３年８月には金融不安が表面化し、外国投資家の逃避が激化した。国際金融協会（ＩＩＦ、本部ワシントン）の調査によれば、８月の対中株式投資は純ベースで１４９億ドルのマイナスで、統計開始の15年以来最大規模になった。債券投資も大幅な減少が続く。

拙論が以前から繰り返しているように、中国の通貨・金融は準ドル本位制であり、外国からの大口資金流入がないと、中国人民銀行は大幅な金融の量的拡大や金利引き下げに踏み切れない。外貨の裏付けがないと人民元は信用を失い相場の崩落を招きかねないからだ。

習政権は情報の隠蔽《いんぺい》に躍起となっている。不動産バブル崩壊のさなか、ノンバンクの信託大手「中植企業集団」とその傘下の「中融国際信託」が支払い不能の事態に追い込まれても、北京の金融監督当局は見て見ぬふりだ。公安警察は抗議で北京に押しかけようとする投資家を拘束するありようだ。中国の中間層、富裕層は中国市場に見切りを付け、資産を海外に持ち出す資本逃避ラッシュだ。

米国など西側はこのまま、自業自得だとして習政権を突き放すべきか。上記のバイデン氏の示唆のように、台湾への強硬策どころではなくなるかもしれないからだ。問題はバイデン政権の本気度だ。経済の弱体化が決定的になる前に、習氏が台湾併合に走りかねないとの懸念も米国の専門家の間では根強いのに、なぜバイデン氏は台湾危機の可能性が薄れたかのような態度をみせたのか。バイデン氏は23年5月の先進7カ国（G7）広島サミットでも対中融和路線で通し、前述のG20後の記者会見でも「中国の封じ込めは望んでいない」とも付け加えた。

巨大な中国の金融爆弾破裂は海外を巻き込み、混乱させるだろう。とりわけ、グローバル金融市場の総本山、ニューヨーク・ウォール街はそれを恐れる。

グラフは米連邦準備制度理事会（ＦＲＢ）の政策金利と人民元の対ドル相場の推移である。中国の金融危機は資本流出を引き起こし、人民元を急落させる。典型は15年8月の人民元切り下げ時であり、このときは米市場への波及を恐れたイエレンＦＲＢ議長（当時、現在は財務長官）が予定していた利上げを同年12月まで延期し、実施後も1年間追加利上げを見送った。この間に中国人民銀行は元安定策に努め、危機を収束させることができた。

今回はどうか。２０２３年7月初旬にはイエレン財務長官が訪中し、李強首相らに会った。１００歳になるキッシンジャー元米国務長官（23年11月末死去）は同月20日、北京で習氏と会談し、米中協調の必要性で一致した。イエレン氏が中国側と金融問題で何を話し合ったかは不明だが、中植集団の利払い停止とともに、ウォール街が動き出した。7月下旬には、4大会計事務所の一角、米ＫＰＭＧが中植の財務監査を引き受けた。不良資産を査定し、投資家を納得させるためだ。

8月14日には、米金融資本最大手のＪＰモルガン・チェースが巨額の損失を抱え、急落が続く碧桂園の株式を香港市場で買い増し、1億７１００万株、株式の５％以上を保有した。ＪＰモルガンは中国では外資系初の外資１００％出資証券会社として認められた。ダイモンＣＥＯ（最高経営責任者）はウォール街きっての親中派で、ことあるごとに米中融和を呼びかける。米民主党政権はウォール街との結びつきが強い。バイデン政権が習政権に助け舟を送る構図が透けてみえる。

米利上げで中国から資本逃避（２０２２年２月19日）

中国は低金利のドルが支える国際金融に寄生してきたが、２０２２年3月からは米連邦準備制度理事会（ＦＲＢ）の金利引き上げが始まる。中国からカネが一斉に逃げ出し、金融危機の恐れが出かねない。

あと10年もすれば中国の国内総生産（ＧＤＰ）が米国を抜いて世界一になる、との予想は当てにならない。グローバル経済はＧＤＰに反映する実体経済と金融資産・負債で構成される金融経済のセットだ。金融は膨張し続け、ＧＤＰを圧倒する。国際通貨基金（ＩＭＦ）統計によれば、２００５年に世界全体の金融負債総額はＧＤＰの1・5倍だったが、20年は２・３倍という具合だ。グローバル金融の元締めが基軸通貨ドルを持つ米国で、日本など世界の余剰資金を集めて「負債」を膨らますが、同時に世界に再配分して「資産」を増やす。20年の資産に対する負債の超過額（純負債）は米国が14兆ドル超、世界合計が２・６兆ドル弱、つまり米国に世界全体の純負債の

5・4倍（05年は1・3倍弱）が集中している。

負債すなわち借金。と言うと、勤勉な日本の国民には聞こえがよくないが、現代のグローバル資本主義では巨額の借り手が豊かになり、貸し手は貧しくなる。典型例は世界最大の債務国である米国と世界最大の純債権国、日本である。

20年の日本の対外純債権のGDP比は68％であるのに対し、米国の純負債のGDP比は67％と対称形を成す。GDP（ドル建て）は米国が25年前に比べて2・7倍以上、日本は0・91倍。日本は政府がデフレ容認政策を愚直に堅持した結果GDPは萎縮、余ったカネは資金需要のない国内に回らず、ドルの金融市場に流出し、ドルの低金利を下支えしてきた。米金融資本は日本などから集まる膨大なカネを高収益が見込める国・地域に振り向ける。最大の投融資先が中国で、おかげで高度成長できた。

米利上げとなると、世界のカネは逆流する。グラフは米中の政策金利と中国からの資本逃避の推移である。資本逃避とは国際収支統計で捕捉できないカネのことで、中国では「誤差脱漏」として表記される。漏れにしては半端ではない。

中国の金融システムは、中央銀行である中国人民銀行がドルを主体とする外貨準備資産に応じて人民元を発行する。そのためにはドル金利よりも人民元の金利を高くし

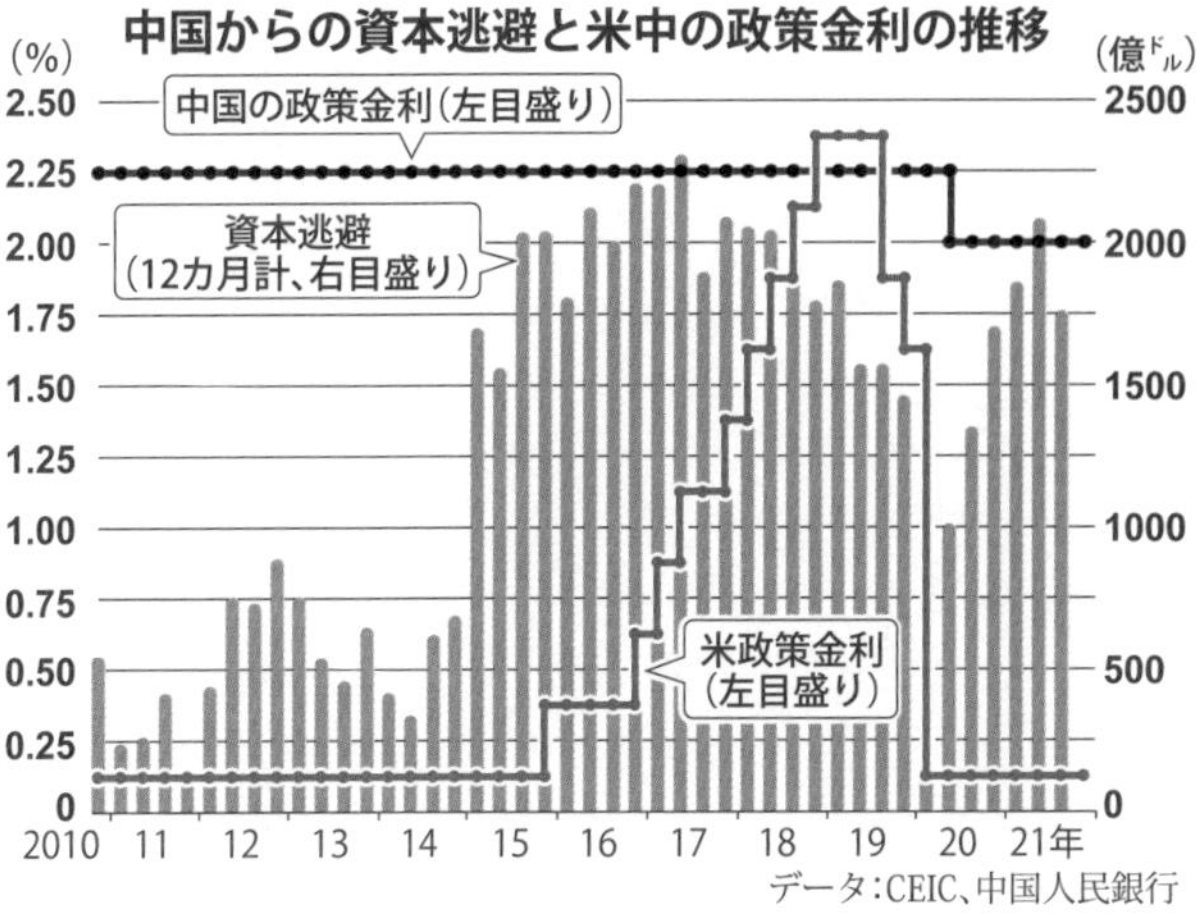

て、外貨の流入を誘い、国内からの資金流出を避ける。高水準の資本逃避が続いたのは15年から18年にかけての期間で、米利上げのために金利差が縮小する中で資本逃避が激しくなった。米利上げが始まったのは15年12月で、資本逃避急増はその前から始まっていた。人民元の対ドル基準相場の切り下げがきっかけだ。米利上げ後、銀行不良債権も膨らみ始め、金融危機の様相を呈した。

ＦＲＢのイエレン議長（当時、現財務長官）は米金融市場への波及を恐れ、追加利上げを１年後に延ばした。中国からの資本逃避はＦＲＢが利下げに転じた19年秋以降、ひとまずは縮小に転じた。20

年の新型コロナウイルス禍を受けて、ＦＲＢは米政策金利０・１２５％と、インフレ率を加味した実質マイナス金利政策に転じたが、20年秋から資本逃避は再発した。

バイデン政権に近い、元財務長官のサマーズ氏は高インフレを抑制するためには、ＦＲＢは２０２２年３月以降、年末までの金融政策決定会合で毎回利上げすべきだと、主張する。そうだと利上げの速度と幅は16年当時に似てくる。

今、中国景気は住宅バブル崩壊に伴う減速傾向が著しい。中国のＧＤＰの約５割は住宅開発投資を中心とする固定資産投資が占めるのだが、住宅に代わる経済の牽引《けんいん》車は見当たらない。景気悪化の中で中国人民銀行は低金利政策を継続するしかない。

習近平政権は20年以来、米金融資本大手の１００％出資子会社を認め、証券投資による負債を増やし、そのまま外貨準備に組み込む。ところが資本逃避が大きすぎて、外準はほとんど増えない。最新の国際収支統計によれば、21年９月の19年末比対外負債増加額は６２５６億ドルだが、外準は９３億ドル弱しか増えなかった。外準は３・２兆ドルと見かけは世界最大だが、対外負債は２・７兆ドル、正味の外準はたった５０００億ドル余りだ。

米利上げはドル金融に寄生する中国の脆弱《ぜいじゃく》さをつく。海外投資家が見切りを付けて、対中証券投資を引き揚げる。強欲な中国の党幹部一族が習政権の制止を振り切って、裏ルート経由で海外に資産を移す。習政権にとっての悪夢が始まるか。

世界の銀行総資産、3分の1は中国（2022年10月1日）

ウクライナ戦争以降、ドル独歩高にみられるように米金融覇権が幅を利かせる一方で、住宅バブル崩壊の中国経済の凋落《ちょうらく》ぶりが際立っている。米国議会超党派はこの機を捉え、中国の習近平政権を金融面で揺さぶる「台湾政策法案」制定へと動き出した。

米上院外交委員会は2022年9月14日、党派を超えた圧倒的多数で台湾政策法案を可決した。このあとの法案成立までには紆余《うよ》曲折《きよくせつ》がありそうだが、上院案には習政権を震撼《しんかん》させる対中金融制裁条項が含まれている。中国が対台湾または台湾内での敵対行為をエスカレートさせる場合、大統領は中国の大手銀行3行以上に対し米金融機関とのドル取引を禁じることができる、というものだ（最終的にはバイデン大統領の反対を受けて対中金融制裁条項は削除され、台湾政策法は23年度国防権限法に組み込まれた）。中国の大手銀行はグローバルに事業展開しており、ドル金融市場から締

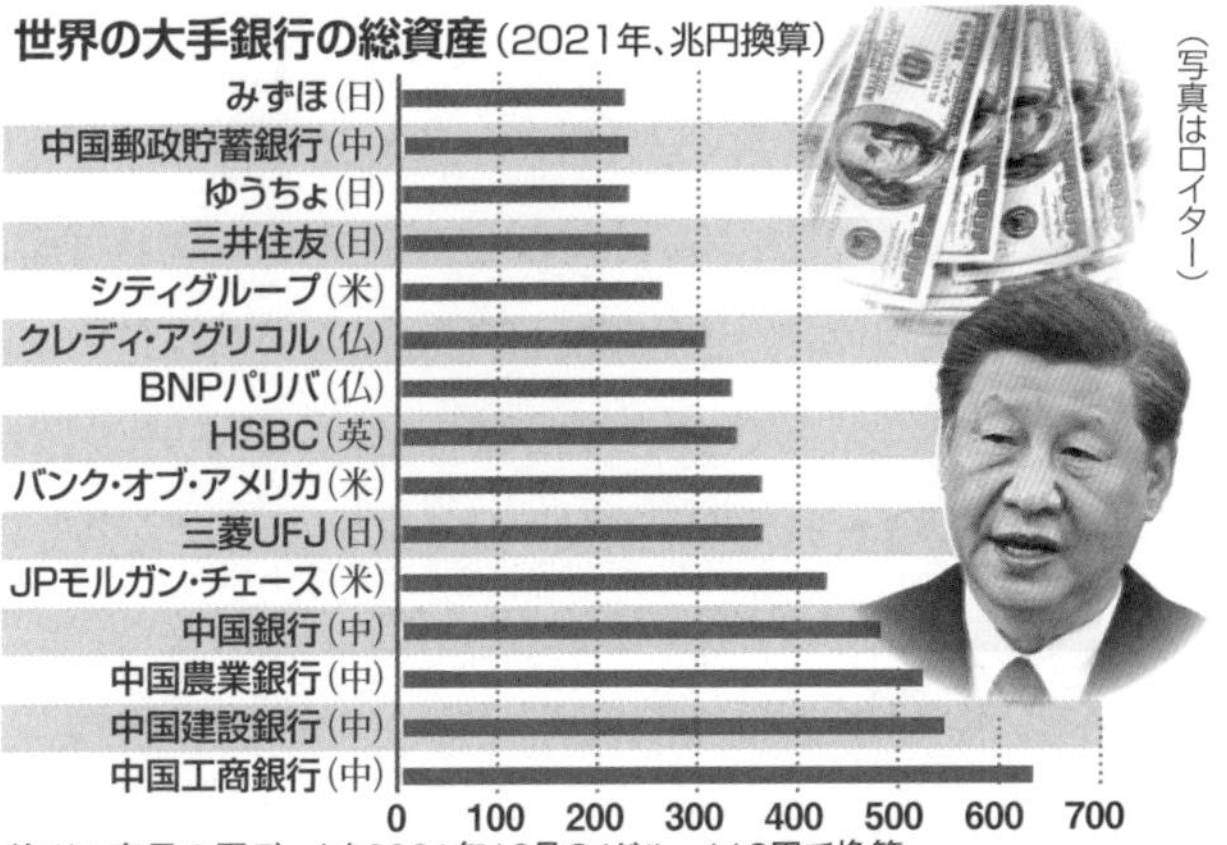

世界の大手銀行の総資産（2021年、兆円換算）

注:ドル表示の原データを2021年12月の1ドル＝113円で換算

（データ出所:S&Pグローバルマーケット・インテリジェンス）

め出されると、経営がたちまち成り立たなくなる。

しかも、中国の通貨金融制度は「準ドル本位制」と言うべきで、発券銀行である中国人民銀行はドルを中心とする外貨の流入に合わせて人民元資金を発行している。中国の経済成長を支えているのは、ドルなのだ。

外貨の主要流入源は、経常収支の黒字と外国からの直接投資や証券投資だ。だが、日米欧のメーカーは、サプライチェーン（部品・材料の供給網）の対中依存を減らそうとしている。さらに海外投資家は、ロシアのウクライナ侵攻開始後、米連邦準備制度理事会（ＦＲＢ）が大幅利上げに踏み切って以来、対中債券投資の引き揚げにかかっている。このため、人民銀行はバブル崩壊不況にもかかわらず、金融の大幅な量的拡大ができないでいる。

米議会はそんな中国の泣きどころを突いて、習政権による台湾侵攻を事前に思いとどまらせる狙いを込めている。バイデン大統領は最近でも米テレビ番組で、中国が軍事侵攻した場合、米軍が台湾を防衛するかと聞かれ「する」と答えたが、大統領周辺は慌てて否定した。台湾有事でのあいまいな態度で終始してきた歴代政権の路線と変わらないが、中国との直接的な軍事衝突を避けるのは超党派のコンセンサスである。そこで金融制裁による抑止効果に期待する。

中国側は表向きは米国に反発しているが、懐柔策をこらす。上院外交委員会法案採択後の２０２２年９月19日、王毅外相は米ビジネス界とのニューヨーク会合で「改革開放をさらに進めるという中国の決意は確かであり、高水準の新たな開放制度を促進する。習国家主席は相互尊重・平和共存・互いの利益になる協力関係という３原則を打ち出している」と強調した。習氏はどう見ても改革開放に背を向け、市場統制を強めているのだが、王毅氏はそんな見方を打ち消した。不動産開発投資以外に経済の牽《けん》引《いん》車が見当たらない中、外貨と外資なくしては経済崩壊危機に見舞われかねない。そんな窮状がにじみ出ている。

中国側の懐柔策に米国側がふらつく可能性がないわけではない。2020年6月の習政権の「香港国家安全維持法」適用は香港の自治を剥奪し市民を圧政下に置いた。これに対し、当時のトランプ政権と米議会は「香港自治法」を成立させた。同法は中国の金融機関に対する米銀行融資などドル取引の禁止を盛り込んでおり、台湾政策法案と内容は近い。ところが、21年1月発足のバイデン政権は対中金融制裁を見送るなどの「弱腰」ぶりだ。習政権は思うがままに香港を強権支配し、現在に至る。

ウォール街との結びつきが強い米民主党政権が米金融資本の利害を考慮する。習政権は米金融大手に対し「飴《あめ》」を配った。上海での100%出資での法人設立を認めた。香港市場を上海市場と連結し、香港に拠点を持つ米金融大手は香港・上海間でカネを動かすことで収益を増やせられる。

米金融界がさらに恐れるのは、国際金融市場での中国金融機関の存在の大きさだ。グラフは米S&Pの世界銀行ランキングである。資産規模で中国の銀行大手4行が上位を独占し、全世界の銀行総資産のうち中国シェアは3分の1で米国の16・7%を圧倒する。ドル取引を禁じられると、信用不安はその銀行にとどまらず国際金融市場全体に連鎖しかねない。国際金融市場は銀行間での資金融通で成り立っているからだ。

それでも、米議会超党派が習氏の野望を封じようと台湾政策法制定に突き進むのか。それとも、経済崩壊危機を避けるため、反習近平派が習氏を押し切って台湾侵攻を棚上げにするのか。

米中貿易戦争の変遷（2023年1月13日）

2018年7月、米中が貿易で制裁と報復の応酬を演じる貿易戦争が始まり、ひとまず「休戦」合意に至ったのは3年前の2020年1月のことだ。米国は中国からの輸入品の75％に関税を発動したままで、中国側も対米報復関税を取り下げていない。つまり、いまなお貿易戦争状態は続いている。

第1段階合意は、中国は米国からモノとサービスの輸入を2年で2000億ドル増やすことや、知的財産権の保護など7項目にわたる。トランプ前政権は制裁関税を課し、中国製品に対する米国の平均関税率を3・1％から21％に切り上げたままである。2021年1月発足のバイデン政権はそれを引き継ぎ、制裁関税を据え置いている。中国も報復措置として関税を同程度に引き上げたままだし、米国が求める企業への国家補助など産業政策の抜本見直しを拒み続けている。

米中貿易はどうなっているのか。グラフは米側統計からみた米中貿易の趨勢である。

まず、対中貿易赤字額は２０１７年の約３７５５億ドルから21年には３５４２億ドルへと約２１３億ドル縮小したが、トランプ前政権が当時目指した２０００億ドル圧縮目標の1割余りしか達成していない。20年は武漢発新型コロナの勃発という貿易外要因が特に輸入面で作用したが、22年からは対中赤字は年間４０００億ドル以上のペースが続いている。

米国の全貿易赤字は17年の８０５１億ドルから21年に1兆９００億ドルに拡大した一方で、米国の47%だった全貿易赤字に占める中国のシェアは21年には32%まで下落した。中国からの輸入が他国に置き換わったことになる。

中国が外貨を得る源泉は対米貿易に限らない。中国の全貿易黒字は18年３８００億ドルだが、拡大を続け、20年５１１１億ドル、21年５６２７億ドル、そして22年は７０００億ドルを超える勢いである。

外国企業に限らず中国企業を含め、中国に拠点を置くメーカーは製造ラインの一部をベトナムなど東南アジアに移転させている。対中高関税の回避、習政権のゼロコロナ政策、さらに米中関係の悪化が長期化する情勢からくるリスクを回避するため、製造業のＡＳＥＡＮ諸国、さらにインドへのシフトを引き起こしている。

米国の対中貿易

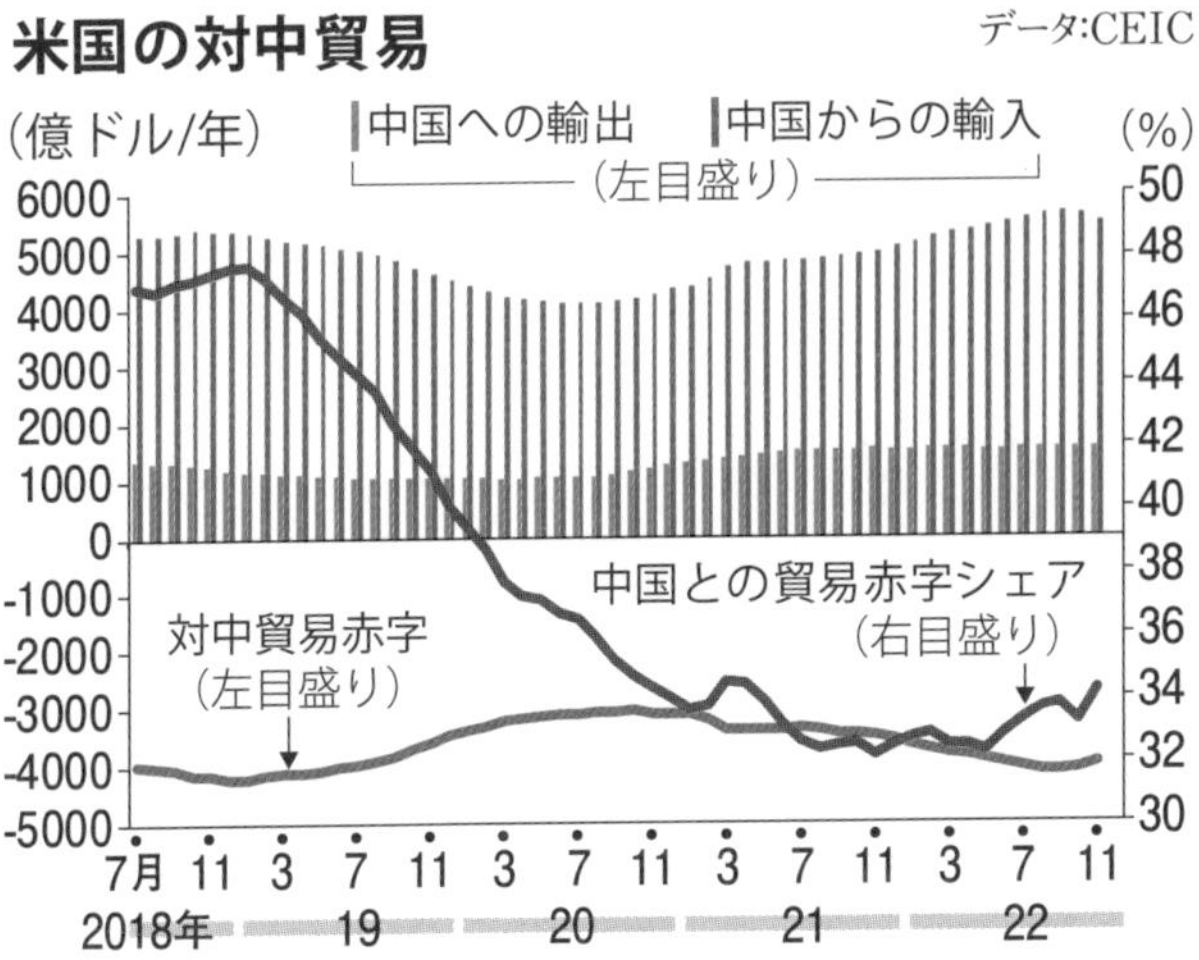

そこでアジアから対米輸出が増えると同時に、サプライチェーンの本拠、中国から対アジア輸出が増えるという循環が生じている。おびただしい数の部品と多岐にわたる組み立てラインを中国の生産拠点とつなげる必要がある。ベトナムやインドでスマートフォンを組み立てるには、依然として中国製部品や材料の供給に頼らざるをえない。

習近平政権は、基軸通貨ドルを媒介に築かれた貿易のグローバリゼーションに救われ、米国からの制裁による打撃をかわしているのだ。

バイデン政権は、米中貿易合意の約束履行には程遠いと非難するが、二国間貿易だけで中国を封じ込める限界ははっきりしている。米国が今後、超党派で中国の弱点である国際金融、さらにハイテクの対中規制をどこまで強めるか。これが2023年の焦点になるだろう。

コロナ後の米国住宅ブームは終焉（2023年6月2日）

日本のメディアは先の広島G7サミット（主要7カ国首脳会議）について、あたかも対中国で結束したかのように報じているが、とんだ誤りである。

そのことは、サミット終了後に他ならぬバイデン米大統領が「米中関係の雪解けが始まる。中国の切り離し（デカップリング）はない」と言ってのけたことでも明らかなのに、中国による「経済的威圧」への対抗策を日本メディアは高く評価する。ところが、実際の対抗策に具体策はないし、欧州側はもともとやる気がないのが真相だ。サミット宣言自体、中国の脅威に対して軟弱だった。外資の撤退ラッシュで苦境にある中国と融和すれば、習近平党総書記・国家主席を利するだけだ。

さて、G7サミットといえば、本来は経済問題を話し合うために1975年にフランス・ランブイエで始まったのだが、近年は政治色が濃い。ことに広島サミットはウクライナのゼレンスキー大統領の飛び入りもあって、経済問題はまともに話し合われた形跡がないのも気にかかる。西側世界とて足下の経済は心許ないからだ。

グラフは、2020年3月に起きた新型コロナウイルス・パンデミック（世界的大流行）前からの、米国の住宅相場と米銀の住宅抵当証券資産の推移である。米連邦準備制度理事会（FRB）は利下げと大規模な量的緩和に踏み出した。すると金融市場に注ぎ込まれた巨額の資金は不動産市場に流れる。

何しろ、コロナ後2022年までのFRB資金増発額は2・6兆ドルで、リーマン後の資金増発を1・5兆ドルも上回る。在宅勤務の増加などで住宅需要も高まる。米国の住宅金融制度は、連邦政府系の住宅金融公社が住宅抵当証券を発行して、市中銀行がそれを買うやり方をとる。住宅相場が上がればその分、抵当証券の残高が膨らむ。金利が下がれば抵当証券の相場は国債など信用度の高い債券と同様に上がるので、高収益が得られる。

ところが、FRBが大幅利上げに踏み切った2022年3月から住宅ブームは終わった。住宅と抵当証券の相場はそろって下落に転じた。この下落トレンドは2023年4月時点でも続き、まだまだ底が見えない。しかも、米銀資産のうち住宅抵当証券と不動産業界への貸付合計は2023年4月時点で全資産の35％、国内総生産（G

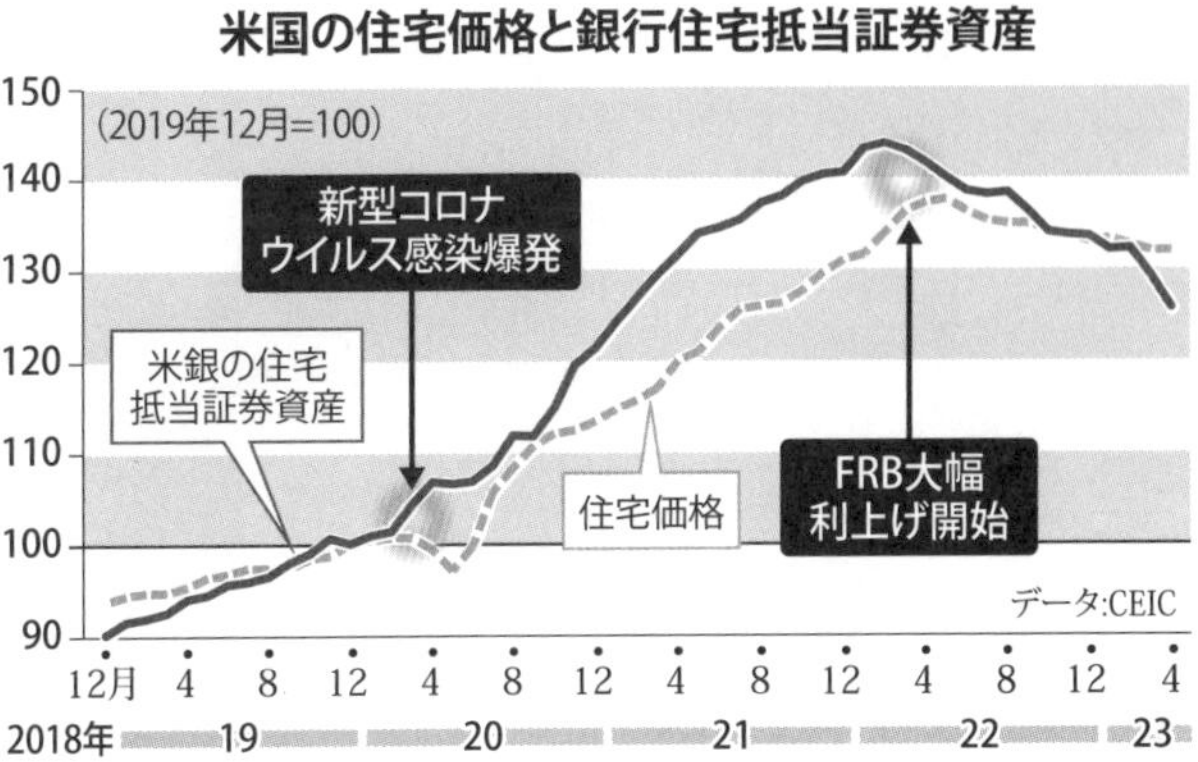

ＤＰ）の２割強を占める。住宅など不動産市況の悪化が続けば、リーマンショックの再来懸念が金融市場を揺るがすだろう。

住宅相場下落は利上げが続く欧州でも２０２２年秋から始まった。リーマンショック時は米市場不安が欧州に波及し、米国を上回る規模の金融危機に発展した。

そして今、Ｇ７では唯一、日本だけがゼロ金利など大規模緩和政策を続けている。

その日銀に関して、メディアは相変わらず近いうちの大規模緩和の軌道修正観測を流すが、とんだ見当違いである。日銀が少しでも利上げを示唆すれば、世界金融危機を誘発しかねないだろう。

「ペトロ人民元」の虚と実（2023年5月16日）

中国の習近平政権が、すさまじい勢いで人民元の世界への浸透を図っている。

グラフは、中国の貿易、投資などの対外決済に使う人民元とドルの比率の推移と、中国の米国債保有の推移である。中国は2018年7月の米中貿易戦争勃発を機に、貿易や投融資での対外資金決済の人民元への切り替えと同時に米国債保有削減に本腰を入れてきた。2022年2月下旬にロシアのウクライナ侵略戦争が始まると、脱ドル化を加速させている。23年3月の時点で、支払いのほうは人民元がドルをしのいだ。米国債保有は最近、年間で1700億ドル以上も減らしている。

ウクライナ戦争勃発後、習近平共産党総書記・国家主席は22年12月にサウジアラビアを訪問し、中国の通信機器大手、華為技術（ファーウェイ）との協力覚書に署名した。米国がファーウェイを安全保障上の脅威だとみなして、米市場から締め出したが、中国はまんまとサウジを取り込んだ。

中国の対外決済通貨別シェアと米国債保有額

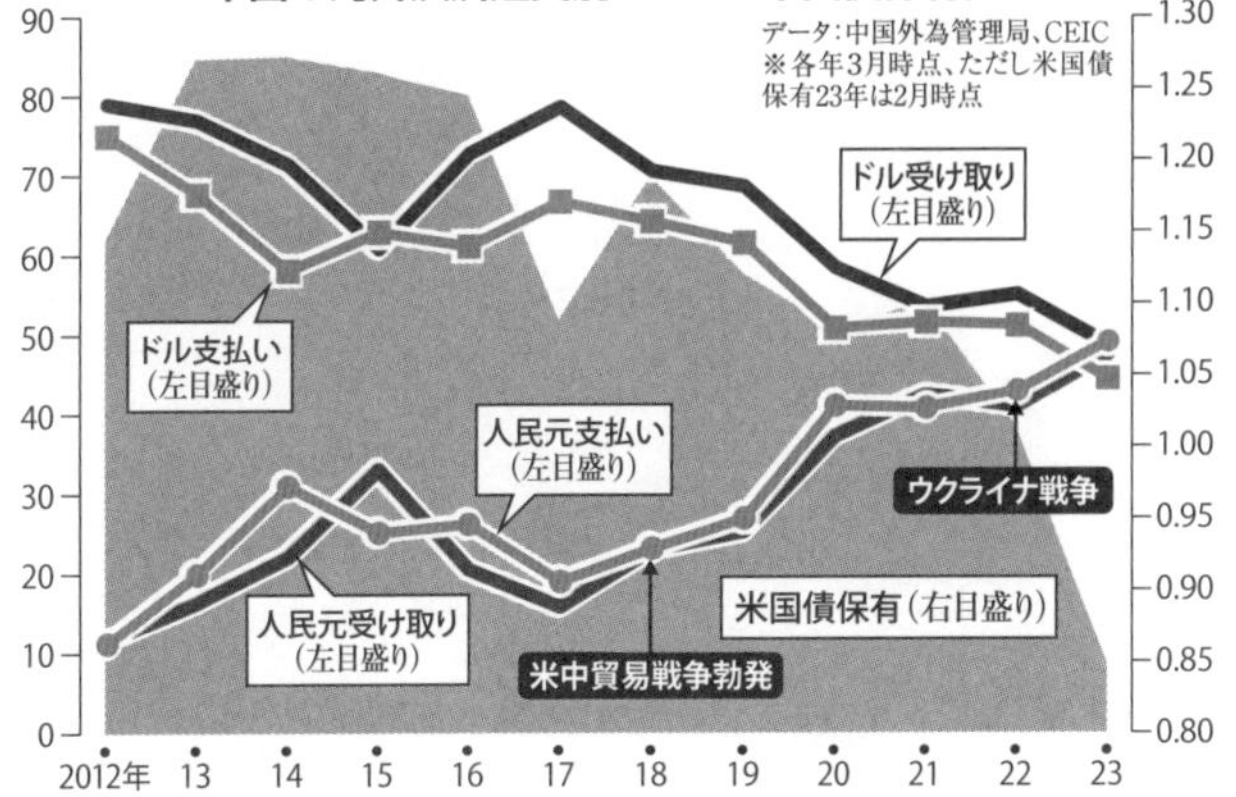

次の狙いは石油の人民元建て取引である。習氏は中国・湾岸協力会議（ＧＣＣ）首脳会議で、石油・天然ガス貿易の人民元建て決済を推進するとし、上海石油天然ガス取引所を「最大限に活用する」と表明した。なぜ石油決済の非ドル化が米覇権の切り崩しになるのか。

ドルは１９７１年8月のニクソン声明で金とのリンクを断ち切り、73年には変動相場制に移行した。ドルは円や欧州通貨と同じく、ペーパーマネーつまり紙切れとなったのだが、その信用をつなぎ留めるいかりとなったのが石油である。74年、キッシンジャー米国務長官（当時）がサウジの首都リヤドを訪問し、サウジをしてすべての国々への石油の販売はドル建てで行うと約束させた。米国はその見返りとしてサウジ王家の保護と同国の安全保障を引き受けた。世界最大の石油輸出国で石油輸出国機構（ＯＰＥＣ）の盟主サウジが石油取引をドルに限定したことから、石油と同じ炭化水素である天然ガスの国際相場はすべてドル建てとなり、ドルは「ペトロダラー」として基軸通貨の座を堅持し、現在に至る。

エネルギー大国の旧ソ連もやはりドル建てで輸出するしかない。80年代の米レーガン政権のドル高金利政策によって大幅に下落した石油価格のために財政難に陥り、最終的に体制崩壊へと追い込まれた。プーチン・ロシア大統領はこの大敗北の教訓を肝に銘じ、ロシア産石油、天然ガスの非ドル決済をウクライナ戦争前から試みてきた。習氏はそのプーチン氏と脱ドルで気脈を通じ、「限りない協力」を申し合わせている。

２０２３年に入ると短兵急な展開が続く。１月には、サウジ財務省がドル以外の通貨での貿易決済の話し合いに応じると言明。２月にはイラク中央銀行が対中貿易で人民元決済を認めると表明。３月にはサウジ政府が中国、ロシア、インドや中央アジア諸国の協議機関である上海協力機構への加盟を決定。中国とブラジルが人民元およびブラジル通貨レアルの貿易、金融取引開始で合意した。４月にはアルゼンチンの経済相が、中国からの輸入商品のドル建て決済をやめ、人民元建てで払うと発表した。いわゆるグローバルサウスを中心とした脱ドル機運は中国主導で広がっている。

習氏の人民元攻勢は基軸通貨ドルを脅かすのだろうか。注目すべきは、人民元決済対象は貿易が主であり、輸出入の状況次第で不公正になりかねないことだ。ブラジルの場合、中国への輸出が輸入を大幅に上回っている。中国側は人民元を刷って払えるという利点が大きいが、何しろ人民元の使い勝手は悪い。中国の金融市場は規制だらけで、ブラジル側は人民元資産の運用が難しい。逆にアルゼンチンは対中輸入が輸出をかなり上回っている。輸出で獲得する人民元を輸入に回せばよいが、中国側はその分、ドルが入らなくなる。中国の通貨発行は流入するドルに依存しているので、これでは具合が悪い。総じて、貿易の人民元決済は中国にとっての貿易赤字国向けでは中国の金融制度上で有利となるが、黒字国向けでは逆に不利に作用する。

では、「ペトロ人民元」は成立するか。サウジアラビアとは中国が圧倒的に輸入超過になっている。莫大《ばくだい》なドル資産を背景に海外での豪遊に慣れているサウジの王族たちはおびただしい人民元を受け取っても、どう使うか迷うだろう。それに、米国はいざとなれば、人民元とドルの交換を禁止する挙に出るかもしれないのだ。

外資の対中証券投資と人民元（2023年9月22日）

中国の習近平政権は外資をつなぎ止めようと策を弄している。脅迫と甘言だ。脅しの極め付けは、脱中国に走りそうな外国企業の駐在員に対し、「反スパイ法」違反の嫌疑をふっかけ、拘束するという手口だ。2023年3月には、アステラス製薬の北京オフィス幹部がその憂き目に遭い、いまだに具体的な容疑内容は不明のまま拘禁されている。同幹部は北京駐在が長く、日本人の商工会内で中国からうまく撤退できるかの相談に応じていたという。

甘言は「外国からの投資歓迎」という錆《さ》びついた常套《じょうとう》句だが、声かけ役は中国人民銀行の潘功勝総裁である。7月25日に就任した潘氏は「欧米で教育を受けた経験豊富な実務家」（米ウォールストリート・ジャーナル紙2023年7月21日付）と評価されている。同じ国際派だが学究肌の易鋼前総裁よりも、習氏に忠実との見方が多い。2016年に国家外為管理局局長に就任して資本逃避の抜け穴を封じたことが、習氏

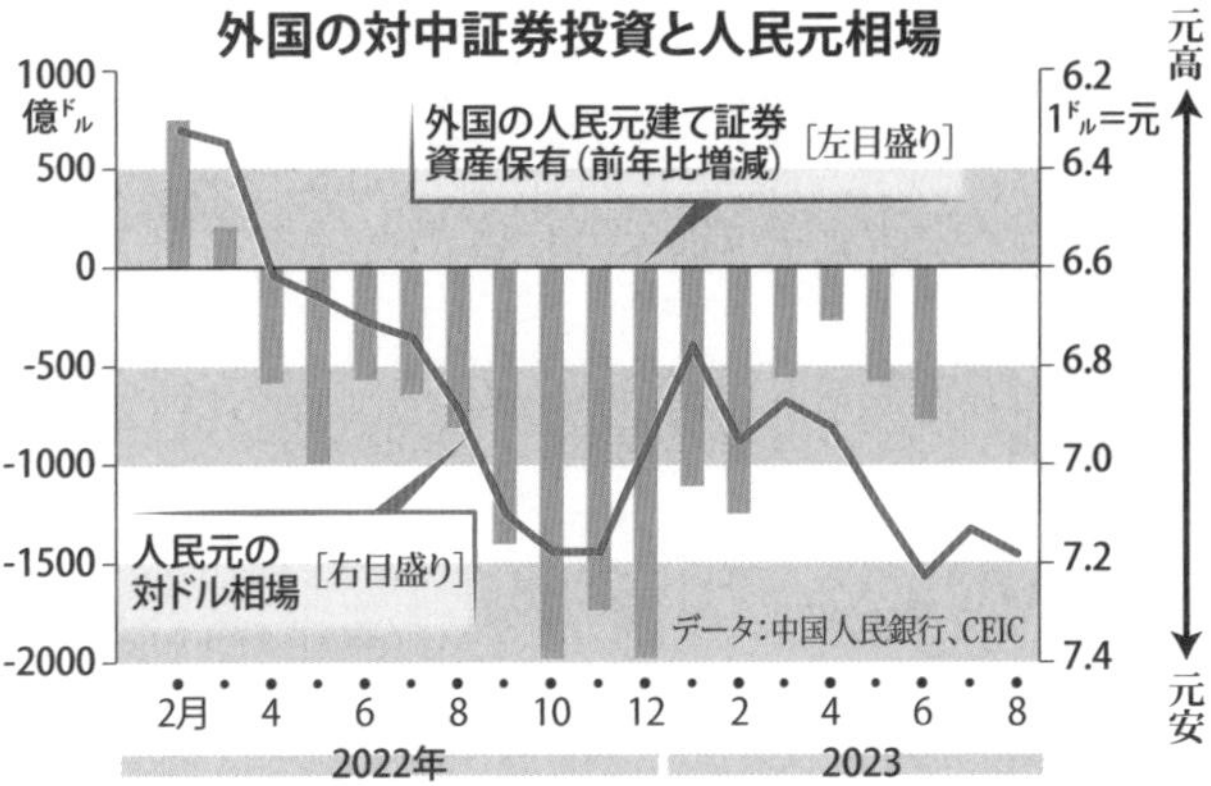

の歓心を買った。

そして、今、不動産バブル崩壊が進行する中、22年4月から始まっていた外資の対中証券投資の減少が続く。同時並行で人民元が売られ、人民銀行はドル準備を取り崩して元の防戦買いに追われている（グラフ参照）。

２０２３年８月初旬にはノンバンク大手の中植集団と傘下の中融国際信託の金融商品の元利払い停止が報じられ、金融不安が表面化した。金融市場の動揺を鎮めるためには、これ以上の外資の脱中国を阻止しなければならない。特に、鍵を握るのはニューヨーク・ウォール街だ。

９月18日、人民銀行は北京で外資大手の代表を集めたシンポジウムを開催し、潘総裁は

「外国企業の事業環境を最適化し、外国からの投資と貿易を安定させる一段の措置を検討する」と約束した。出席した外資はＪＰモルガン・チェース、ＨＳＢＣホールディングス、ドイツ銀行、ＢＮＰパリバ、ＵＢＳグループ、テスラなどだ。

中国の金融危機に巻き込まれかねないと、グローバル金融市場の総本山ウォール街は恐れる。7月初旬にはイエレン財務長官が訪中し、李強首相らに会った。１００歳になるキッシンジャー元米国務長官（23年11月末死去）は、7月20日に北京で習氏と会談し、米中協調の必要性で一致した。7月下旬には、米4大会計事務所の一角、ＫＰＭＧが中植の財務監査を引き受けた。不良資産を査定し、投資家を納得させるためだ。8月14日には、米金融資本最大手のＪＰモルガン・チェースが巨額の損失を抱え、急落が続く碧桂園の株式を香港市場で買い増し、1億７１００万株、株式の5％以上を保有した。ＪＰモルガンのダイモンＣＥＯ（最高経営責任者）はウォール街きっての親中派で、ことあるごとに米中融和を呼びかけてきた。

だが、反スパイ法にみられる習政権の外資締めつけに変わりはない。強欲に駆られる金融資本の対中融和に西側世界が引きずられるようだと、習氏の思う壺にはまる。

第6章

なぜ日本は成長しないのか

米国の対日経済政策と空白の30年

（２０２３年２月17日）

平成バブル崩壊以来「空白の30年」が続く。30年前何が起きたのか。筆者だけが知る秘話を明かそう。

１９９３年１月、民主党のクリントン大統領が就任した。５月中旬に東京からワシントンに飛んだ。財務省の高官は「対日政策が決まるまでは記者に会うなとのホワイトハウスからの指示がある。これ以上は話せない」――。ならばと、取材を重ね、内幕をつかんだ。

５月10日月曜日、アメリカ軍事の総本山国防総省（通称、ペンタゴン）。その地下の会議室で経済担当の準閣僚20人余りが缶詰めになって、コーラやサンドイッチを片手に激論を闘わせた。「対日政策特別作業班」の全体秘密会合で、テーマは対日通商・経済政策包括提案書「ジャパン・ペーパー」の作成である。秘密会合は１週間続いた。

主な顔ぶれは共同議長のアルトマン財務副長官と国務省のスペロ次官をはじめ、国家経済会議（NEC）担当のカッター大統領補佐官代理、サマーズ財務次官、大統領経済諮問委員会（CEA）のタイソン委員長、ブラインダーCEA委員、通商代表部（USTR）のウルフ次席代表補。議会承認をまだ得ていないバーシェフスキUSTR次席代表も加わった。

5月17日にカッター代理からの「ジャパン・ペーパー」を受け取ったルービン大統領補佐官が18日午前の閣議の承認手続きを経て大統領に提出した。

「ジャパン・ペーパー」はマクロ経済政策編と分野別編の二つで構成される。マクロ経済では日本の経常収支黒字の対国内総生産（GDP）比を3年間で半減させる。分野別は「自動車・自動車部品」「政府調達」「政府規制」「政府間協定監視」「経済統合・協調」の「5つのバスケット」に分け、日本市場参入度を示す暫定数量指標の導入を日本側と交渉する。市場開放の要求対象はスーパーコンピューター、パソコンなどハイテク中心の工業製品と銀行・保険、直接投資に絞り、農業は外した。

ジャパン・ペーパーは米国にとっては「日本の脅威」という危機感を背後にした経済再生の踏み台で、ハイテク主導で見事に競争力を取り戻した。

日本はなすすべもなかった。経常収支黒字のGDP比は1993年に3・05%だったのが、1996年GDP比は1・41%と半分以下になった。この間、円相場は急上昇し、日本の産業界は半導体など強大な競争力を誇ったハイテクを含めみるみるうちに後退していく。そして自動車産業などは対米など現地生産にシフトを進め、産業空洞化が進む。1997年度には橋本龍太郎政権による消費税増税と大幅な歳出削減、社会保険料引き上げで慢性デフレに陥り、現在に至る。10年前に立ち上げたアベノミクスの主柱である日銀の異次元金融緩和政策はデフレを解消できないままだ。

岸田政権が財務官僚上がりでも、日銀出身でもない経済学者の植田和男氏に金融政策を委ねるが、それだけでは日本再生の道は切り開けないだろう。

中国人にとって日本はとにかく安い（2023年3月3日）

中国山東省で金融業や不動産業を営む34歳の女性が沖縄本島北方の無人島、屋那覇島を3億5000万円で買ったという。

そこで思い出したのは、中国ハルビン生まれの芥川賞作家楊逸《ヤン・イー》さんの近著『中国仰天事件簿』（ワック刊）。2月11日付産経新聞の書評欄を孫引きすると、楊さんは同書で、拝金主義がはびこっている中国社会について、「欲の赴くままに詐欺や欺瞞の術を以て社会のどん底から這い上がろうとする欲望の動物になる以外、生きる『道』が残されていないのです」と述べている。

際限のない欲望に支えられて膨張するのがカネである。カネは金融機関融資を繰り返せばどんどん増殖する。融資が新たな預金を、預金が次の融資を生むという「信用創造」のたまものなのだ。中国の現預金総量を日本円に換算してみると、22年12月末で5055兆円に上り、日本の1212兆円を圧倒する。前年同期比増加額は22年12

月752兆円（日本の場合は34兆円）だが、6月から10月までは1200兆円前後（同40兆円弱）増である。

日本の最近の現預金残高は1210兆円前後だから、チャイナマネーは1年間で日本の総量相当分、膨らんでいるわけだ。慢性デフレの日本では銀行が融資を渋るので現預金は年数%しか増えない。その増えた分は日銀が金融機関から国債を買いとる際に発行する資金量にも及ばない。（グラフ参照）

党が金融を支配するシステムのもと、習政権が指令すれば国有商業銀行が一斉に融資を急増させる。2008年9月のリーマン・ショック後の景気テコ入れ、そして2022年からは不動産市況の下支えが目的だ。しかし、そのカネは外に向かう。

東京都心で建設中の超高級マンションは広さ80平方メートル級で3億円近いが、東京在住の中国人の知り合いの話では、こともなげに現金で購入を申し込むのは、中国の中間層の上程度の人たちだ。とてつもない現金をどうやって調達するのか。

中国からは一人当たり年間5万ドル（675万円）しか持ち出せないが、「飛銭」という方法がある。さまざまなやり方でカネを遠くまで飛ばすが、ポピュラーなのは中国人同士の信用取引である。

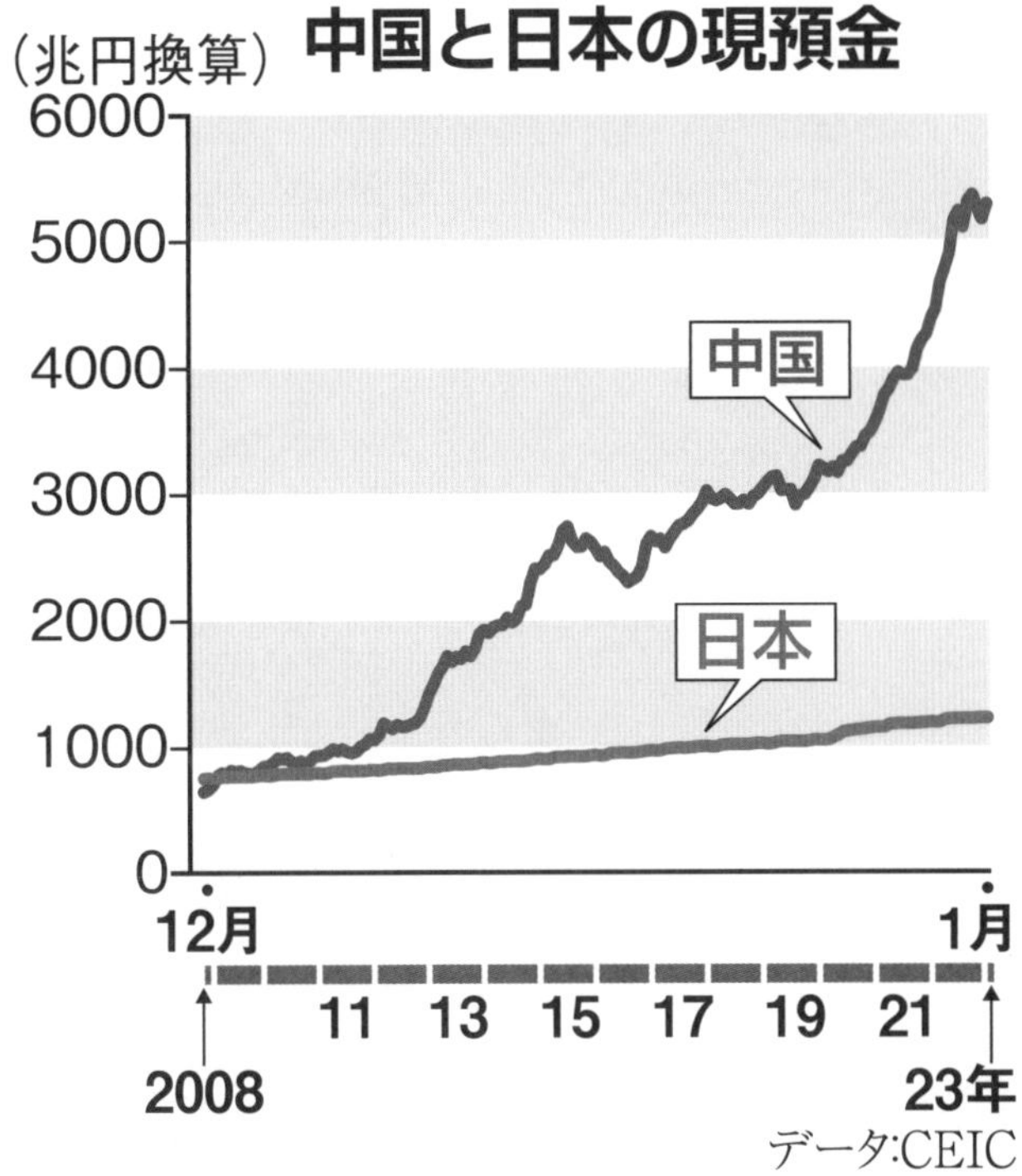

日本国内在住でお互い相手を信用する中国人は、手元の現金が足りない分を相手から融通してもらう。そして、双方が中国国内での人民元預金口座同士で相殺することで、決済完了となる。身内同士ですらカネの貸し借りが困難な日本社会では考えられない中国人社

会の特徴だ。

党が市場経済を支配する中、欲望と絡み合いながらカネがとてつもなく膨張していく。対する日本は四半世紀にも及ぶ慢性デフレで地方が疲弊している上に円安だ。中国人にとって日本はとにかく安い。北海道の広大な原野や沖縄の離島が買い占められるのも、地方経済の疲弊と密接な関係がある。デフレを容認する政府の無策のために「欲望の動物」に日本が席巻されそうなのだ。

異次元緩和と雇用数（2023年4月14日）

黒田東彦日銀総裁が退任し、経済学者の植田和男氏が引き継いだ。

植田氏が就任記者会見で大規模緩和政策の継続を繰り返し表明したのに対し、メディア側が執拗《しつよう》なまでに異次元緩和の「副作用」に焦点を合わせ、植田総裁から緩和策の修正を引き出そうとしたが空振りだ。ビッグニュースを引き出したいという記者たちの気持ちは分からないわけではないが、メディアが異次元金融政策の持つ意義を公平に評価しているかどうか不安にさせられた。

「副作用」とは何か。日本経済新聞の２０２３年4月11日付朝刊によれば、長短金利操作（ＹＣＣ）は「債券市場の機能低下、利回りにゆがみ」、マイナス金利政策は「金融機関の収益低下、年金運用に逆風」、巨額の国債購入は「財政規律に緩み」、上場投資信託（ＥＴＦ）の保有は「償還なく出口は困難に」とある。経済専門の日経記事は他の全国紙経済記者が参考にすることが多く、新聞やテレビで類似の論調が広がりやすい。従って、世論への影響力は大きい。日経のミスリードは浜田宏一米エール大学名誉教授に言わせると国民のメディアに対する信頼を害する。

さて、まずYCCだが、債券市場の利回りにゆがみというが、何が問題なのだろうか。債券の償還期間が長くなるにつれて利回りが高くなる曲線は理想的だが、その乱れは米国でもしばしば起きる。そうなって戸惑うのは一部の機関投資家だろうが、実体経済に悪影響はない。マイナス金利は、市中銀行が一部の日銀当座預金で日銀に金利を払う羽目になる。それが問題だと言いたいだろうが、ならば銀行は日銀にカネを留め置かず、中小企業に融資すればよい。日銀の国債保有は発行残高の54％にもなるが、そのせいで財政規律が緩んだのだろうか。政府は新型コロナウイルス不況対策財源のために国債を発行し、日銀が市場から買い上げ、景気を下支えした。それよりも財政規律なるものを優先すべきなのか。ETFの保有は株価を支え、それこそ年金運用を楽にしている。日銀は株価が上昇基調になれば売却益を稼ぎ、国庫に納入すればみんなハッピーだ。要するに、メディアの異次元緩和批判は国民経済の目線ではなく、メガバンクの利害に沿った報道ではないだろうか。

筆者とて、異次元緩和すべてよし、とはみなさない。黒田日銀の場合、財務省に忖《そん》

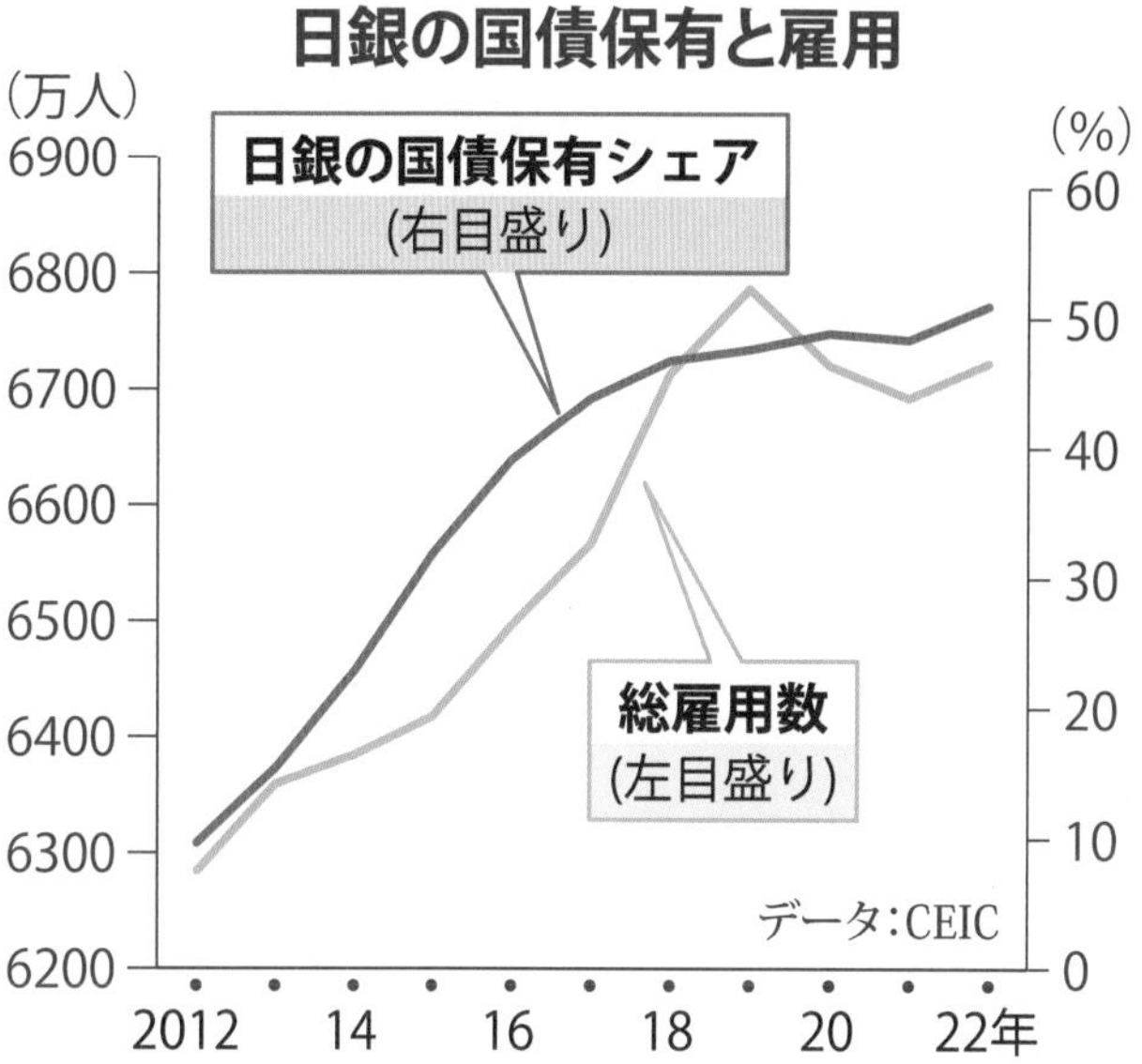

度《たく》して消費税増税を故安倍晋三首相に踏み切らせるという不純動機で、マイナス金利やＹＣＣを導入し、脱けられなくなった。だが、異次元緩和は総じて国民の多くのためになったと評価する。

グラフは異次元緩和の柱である日銀国債保有シェアと雇用数を対比させている。２０１２年末に総雇用数は６２８５万人、国債保有比率は９・７％だったが、10年後はそれぞれ６７２３万人、50％超だ。国債金利は超低水準で安定し、住宅ローン金利を安くし、設備投資を後押しする。雇用需要からみても、今春闘で近年にない幅の賃上げの素地をつくったのだ。

アベノミクスで守られた財政規律（2023年4月21日）

大蔵省（現財務省）のドンだった齋藤次郎氏（87歳）が突如、月刊「文藝春秋」5月号に登場した。タイトルは「『安倍晋三　回顧録』に反論する」である。

安倍氏は回顧録で、財務省との暗闘ぶりを率直かつ明確に吐露している。「彼らは省益のためなら政権を倒すことも辞さない」「国が滅びても、財政規律が保たれてさえいれば、満足なんです」という具合である。

これに対し、現役の財務官僚は無反応だ。筆者の体験からしてもそうだ。財務官僚は消費税増税をしかけるたびにマスコミ各社の幹部を訪ね、財政均衡のためには消費税の増税や歳出削減の必要性を訴える。応対した筆者がデフレ圧力の中での増税は国民を苦しめると反対しても、何一つ言い返さない。

2019年秋の消費税増税前には、財務次官が拙論を直接指名して、社の経営トップから編集、論説の面々が居並ぶ会合で直接私と議論したいと申し入れてきた。単身で乗り込んだ財務次官は「社会保障財源確保のためで、ご理解を」の一点張りで、拙論の反対論には一切触れなかった。

ともかく、財務省OBの代表格である齋藤氏がこの期に及んで堂々と口を開いたことは、よいことだと評価したい。まずは国内総生産（GDP）の5割相当に上る予算を仕切っている官僚のみなさんがもの言わずうっ屈したままだと精神的な健康によくない。エリートが活き活きしないと国が滅びる。それでは困る。

さて齋藤氏の「反論」の中身だが、拙論の目からすれば、失礼ながら泣き言のようで、安倍発言の迫力を押し返す域にはほど遠い。齋藤氏は、安倍さんが「財務省は省益のためなら政権を倒すことも辞さない」と断じていることが「どうしても理解できなかった」と述べている。齋藤氏自体、1990年代半ば、小沢一郎衆院議員など当時の政界実力者を裏で使嗾《しそう》したことで超大物次官の名を高からしめた。

安倍氏は、財務官僚が敷いた消費税増税実施を延期するために、総選挙を実施して政権基盤を固めたほど、「倒閣運動」を恐れた。財務官僚の政界に対する影響力はすさまじい。民主党政権時代の菅直人、野田佳彦首相をして消費税率を3％、2％と2段階での大幅引き上げに前のめりにさせた。さすがに省内では大幅過ぎるとの異論が

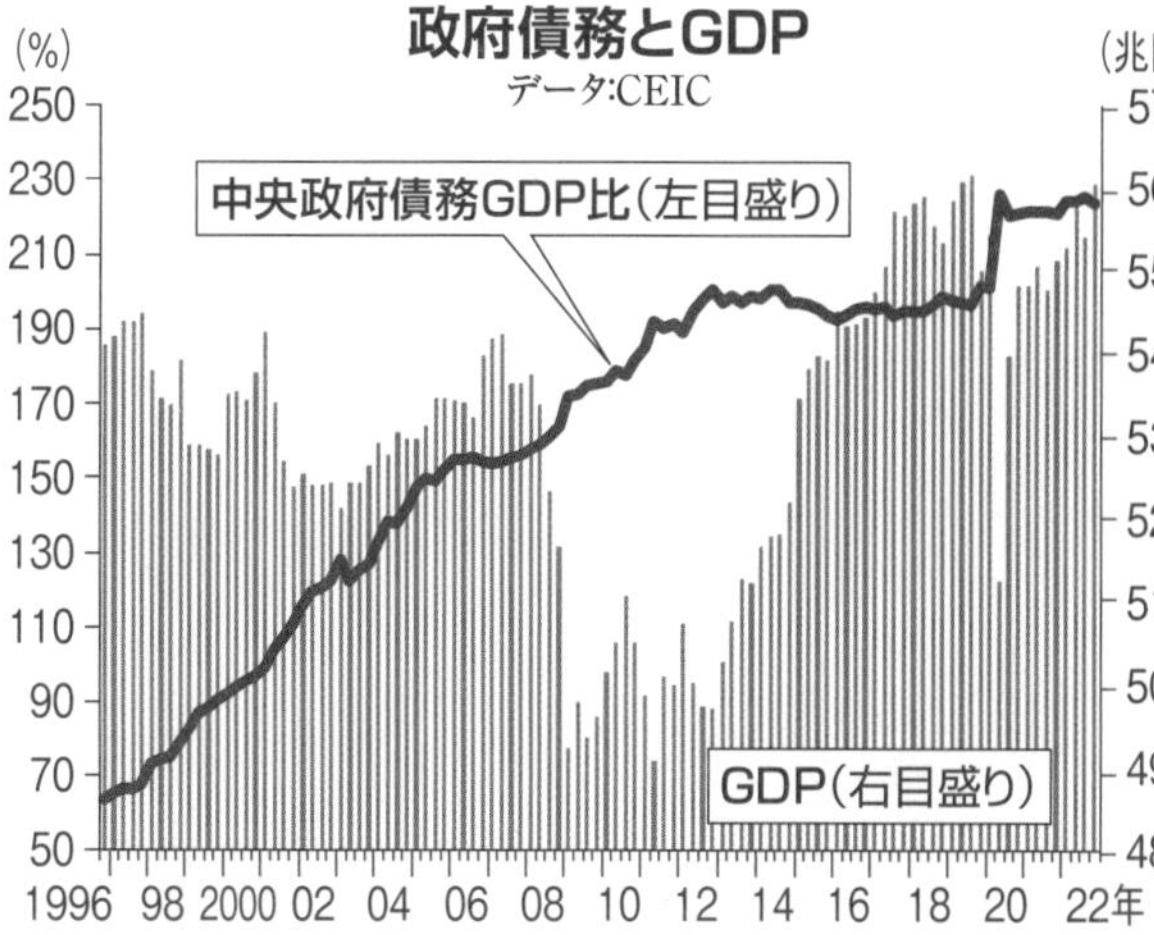

出た。すると幹部は「財務省の言うことを聞く民主党政権の今を逃してはならぬ」と一喝した。
齋藤氏は「財政規律が崩壊すれば、国は本当に崩壊してしまいます」「財政健全化のために増税は避けられず」と言う。
だがグラフを見ればよい。
１９９７年度の橋本龍太郎政権の消費税増税と緊縮財政以降、政府債務が膨張し、国内総生産（ＧＤＰ）は長い間、萎縮し続けた。増税が財政規律を壊したのだ。財務省を批判する安倍氏がアベノミクスを立ち上げると、政府債務のＧＤＰ比率の上昇はピタッと止まった。財政収支赤字のGDP比率は下がり、税収が増えた。1990年代後半以降、初めて財政規律は回復に向かった。2020年3月の新型コロナウイルス感染爆発に伴う大型財政出動で政府債務は再び増加に転じたが、国内需要は下支えされ、22年以降の大幅な税収増をもたらしている。財務省は安倍氏に感謝してもよいくらいだ。

米銀危機は異次元緩和継続の追い風だ（2023年4月18日）

日銀の植田和男総裁体制が2023年4月、スタートした。折しも勃発した米国の銀行危機は、植田日銀の異次元金融緩和政策継続路線の追い風になる。

グラフは2019年末以降の米連邦準備制度理事会（FRB）および日銀の資産と、償還期間10年の米国債、日本国債の金利（利回り）の推移である。中央銀行が資金を発行して市場から国債を購入すると資産が増える。同時に市場に出回るカネの量が拡大する。すると国債に代表される長期金利が下がりやすくなる。

FRB資産は20年3月以降、急激に膨張を続けた挙げ句、22年9月をピークに縮小に転じた。20年3月は中国・武漢発新型コロナウイルスのパンデミック（世界的大流行）の起点であり、日米と欧州はコロナ恐慌防止のために、大型財政出動に踏み切った。それに伴い発行された国債を中央銀行が購入した。

国債金利はどうか。米国債はFRBの大量買い上げが功を奏して金利上昇はしばらく抑えられたが、22年3月から急騰に転じ、ＦＲＢが購入を増やしても上昇が止まらない。原因は高インフレである。

21年に上がり始めた石油、穀物価格は22年2月24日のロシア軍によるウクライナ侵攻で上昇にはずみがついた。他方で、バイデン米政権による財政支出拡大はコロナ下の景気を下支えすると同時にモノやサービスの需要を大いに刺激した。ＦＲＢは22年3月から大幅利上げに転じたが高インフレは収まらない。

金利と量の両面での超金融緩和政策の影響で国債金利（利回り）が低下すると債券の相場、すなわち売買価格は上昇する。米銀の多くは債券相場の上昇をみて資金を債券投資に振り向け、売買益を大いに稼いだ。

ところが、高インフレ局面に入ると債券の利回りは上昇し、相場が下がる。ＦＲＢが利上げ、続いて資産の圧縮に転じると、債券相場下落に拍車がかかった。米銀はたちまち収益減に陥った。その先駆けが米西海岸シリコンバレー銀行（ＳＶＢ）の3月10日の経営破綻である。

グラフを再度見よう。米国債金利は20年9月で０・８７％だったが、22年末で３・６１６％である。２・７％程度の幅の利回り上昇で、10年債の相場はざくっと計算し

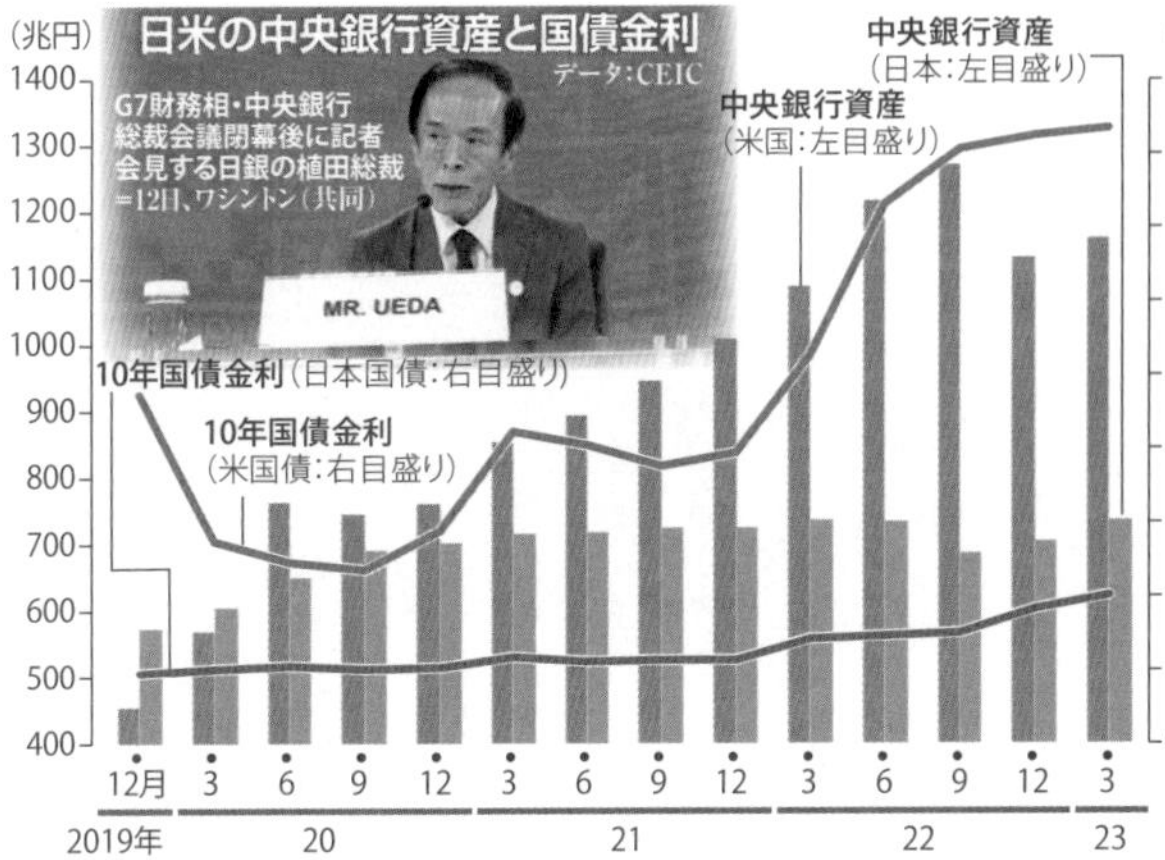

て26・5％下落の恐れがある。全資産のうち債券のシェアが大きいと、銀行はたちまち債務超過に陥る。総資産は22年末で約2090億ドルのSVBは債券の売却損約18億ドルを被り、取り付け騒ぎになった。

SVBの他にも金利上昇のために債務超過不安を抱える銀行は多いことから、預金者は疑心暗鬼になる。SVBに続き、ニューヨーク州のシグネチャー銀行も経営破綻した。バイデン政権は預金の全額保証に踏み切ったが、信用不安はくすぶり続ける。

無理もない。米銀全体の利上げによる債券の含み損は6千億～7千億ドルとみられ、5兆～6兆ドルの保有証券の1割以上を占める。ＦＲＢは信用不安の広がりを防ぐためにはこれ以上の利上げには慎重になる。

日本はどうか。新型コロナ禍以降、日銀の資産増加速度はＦＲＢに比べてかなり緩やかだ。もともとデフレ圧力が強いために、輸入原材料のコスト上昇に伴うインフレ率が米欧に比べ格段に低い上に、16年9月からの長短金利操作（ＹＣＣ）で、国債金利上昇も抑制されている。ＹＣＣは国債金利の誘導目標を設定し、ゼロ％以下の短期金利に長期金利を調和させる狙いだ。

試練に見舞われたのは22年秋以降である。米国との金利差拡大を背景に円安が急進行すると同時に、国債への売り圧力が高まった。異次元金融緩和に批判的な経済メディアや一部日銀ＯＢがここぞとばかり、ＹＣＣの打ち切りや修正をせき立て、投機筋がそれに便乗する事態になった。

植田日銀新総裁は２０２３年4月10日の就任記者会見で、マイナス金利やＹＣＣを中心とする異次元金融緩和の継続の意思を明確にした。ところが、経済メディアは相変わらず異次元緩和の「副作用」を問題視してやまない。副作用とは、債券市場の機能や金融機関の収益低下などで、金融機関の立場に偏している。異次元緩和の結果、雇用が５００万人増加し、新卒者の就職氷河期が昔話になったことを無視している。

米銀危機の勃発を機にFRBは追加利上げに慎重になっている。景気減速を受けて米物価の上昇速度も鈍化している。いずれもYCCなど異次元緩和をやりやすくする要因だ。今春闘（23年）での賃上げとの組み合わせで、脱デフレの光明が見えてくると期待したい。

財政出動の恩恵は税収に集中

（2023年7月7日）

2022年度の一般会計税収は20年度から3年連続で過去最高を更新した。23年度に入っても税収の伸びは続き、財務官僚が仕組んでいる2025年度の基礎的財政収支（プライマリーバランス＝PB、国債関連を除く財政収支）黒字化のゴールが見えてきた。財務官僚に頼る岸田文雄首相は上機嫌だろうが、それでは国を誤る。

PBとは支出を借金以外の収入の範囲内に抑えるという、家計簿の発想そのものである。国家財政を家計簿と混同するのが財務省で財務省御用のメディアや学者たちが唯々諾々と従う。

ところが、国の公共投資、教育、防衛、基礎研究といずれも経済成長に向けた先行投資である。借金を否定していれば国力は必ず衰退する。しかも成長できないと借金を払えなくなる。

資本主義市場はその点、実にうまくできていて、借金しやすくなっている。家計は

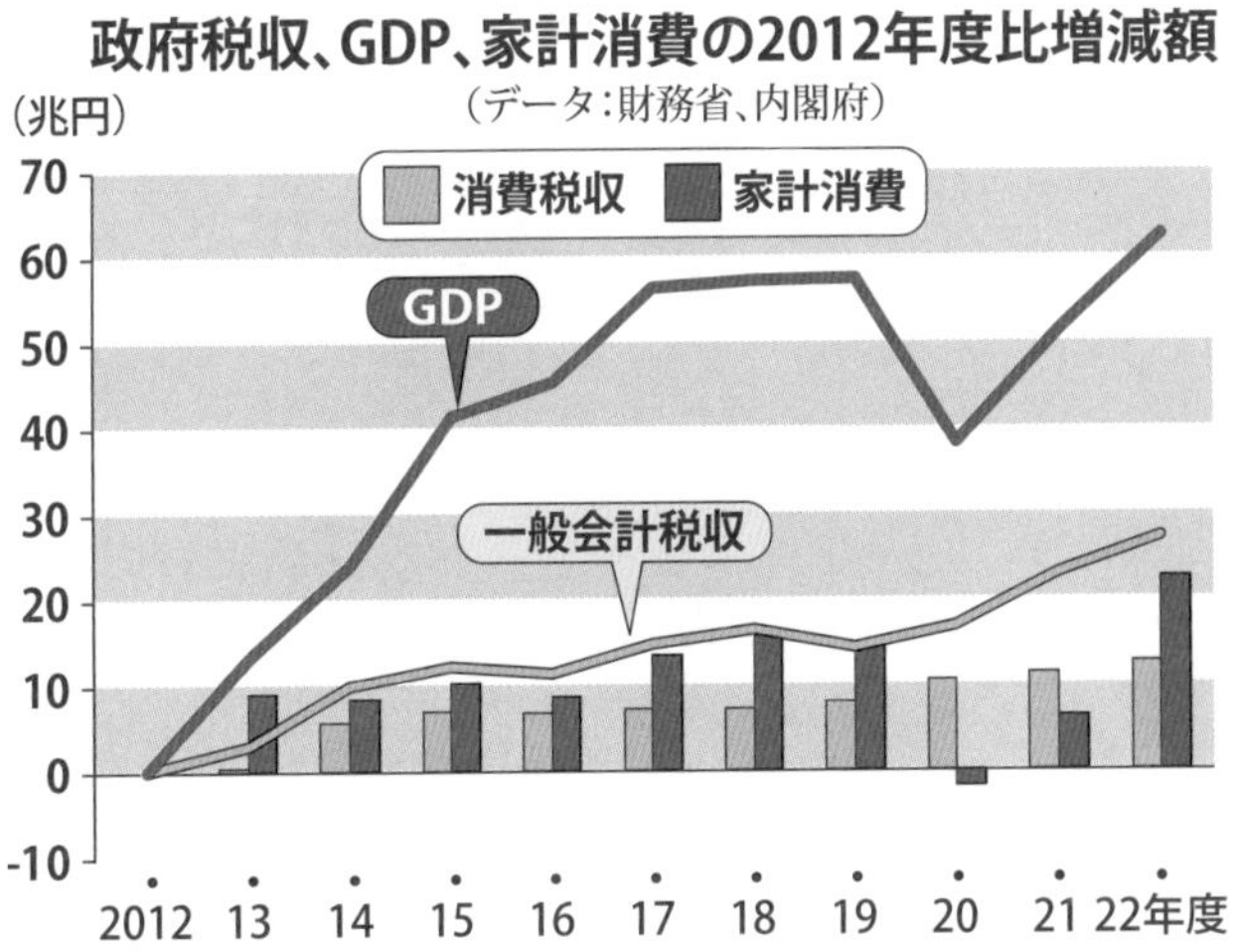

節約するのでカネが余る。カネは金融機関によって吸収され、資金を借り手に提供する。借り手は金融市場で証券を発行して低コストの資金を調達できる。しかも中央銀行はカネを刷って証券類を買い上げるので、市場金利を一層低めに誘導出来るのだ。

ところが、長期の慢性デフレに陥ってしまった日本の場合、金利がゼロ％以下に下がる。するとカネを持つ投資家たちは手っ取り早く稼げる金融資産でのみ運用しようとし、国内市場がダメなら海外にカネを流す。すると、国内のモノやサービス需要は萎縮し、不況に陥る。

閉塞《へいそく》状況を打開できるのはもはや日銀の金融政策ではなく、政府の財政しかない。

だが、2012年12月に始まったアベノミクスの大半の期間は財務官僚が仕掛けた基礎的財政収支（PB）黒字化目標に縛られ、消費税増税を二度も行った。PBは社会保障、防衛、教育、公共投資など政策経費を税収の範囲内にとどめるという緊縮財政路線の極みである。これでは国の安全や成長に向けた成長投資のための国債発行は否定される。主要国で財政の指針にしているのは日本だけだ。経済再生はもっぱら異次元金融緩和政策に頼ったが、デフレからは脱出出来なかった。

ところが、2020年初めの新型コロナウイルス大流行が起きると、安倍晋三首相は果敢に大々的な財政出動に踏み切り、次の菅義偉首相もそれを継承した。おかげで、中小企業は雇用を継続し、家計の打撃は最小限に抑えられた。そして、コロナ禍が過ぎた途端に、家計の心理は一挙に好転し、企業も設備投資や賃上げに前向きになった。

岸田政権が何もしなくても景気の追い風を受けられるのは、いわば安倍、菅ラインの遺産のおかげなのである。

グラフはアベノミクスの起点である2012年度以来、22年度までの税収と国内総生産（GDP）、家計消費の増減額を示す。

全期間を通じて税収の増加ぶりが目立つ。特にコロナ以降は顕著だ。伸び率を計算すると、22年度は19年度に比べて、ＧＤＰはわずか０・９％しか増えていないが、税収は22％増だ。家計消費は３％増にとどまるが消費税収は26％増だ。財政出動の恩恵はもっぱら徴税当局に集中している。

岸田政権は民間から吸い上げた税を民間に全額返還すべきなのだ。でないと、デフレ圧力は去らず、内需はいずれ失速、アベノミクスの遺産を食いつぶすだろう。

実体経済の成長を阻む緊縮財政

（2023年7月14日）


メディア各社の世論調査では支持率の低下が続く岸田文雄政権だが、こと経済に関してはは追い風が吹きまくっている。中でも税収の増加はすさまじい。

財務省発表の2022年度の国の一般会計決算では、税収が前年度に比べ6％増の71兆1374億円で3年連続過去最高を記録した。同年度当初予算で計上の65・2兆円、今年度当初予算の69・4兆円を大きく上回る。

景気がよく、われわれ一般の懐具合がよくなるときに、税の自然増収が起き、民間も政府も共にハッピーとなるというのが、真っ当な国民経済だ。例えば米国の場合、2021年までの25年間で税収は1・85倍、国内総生産（GDP）は1・88倍とほぼ同じペースで増えた。わが国はどうか。

グラフは、22年度に比べた税収とGDP、家計消費（「みなし家賃を除く正味ベース」の増減額を、デフレの始まった1997年度と、コロナ前に分けて比較している。

2022年度の税収、GDPの増減額

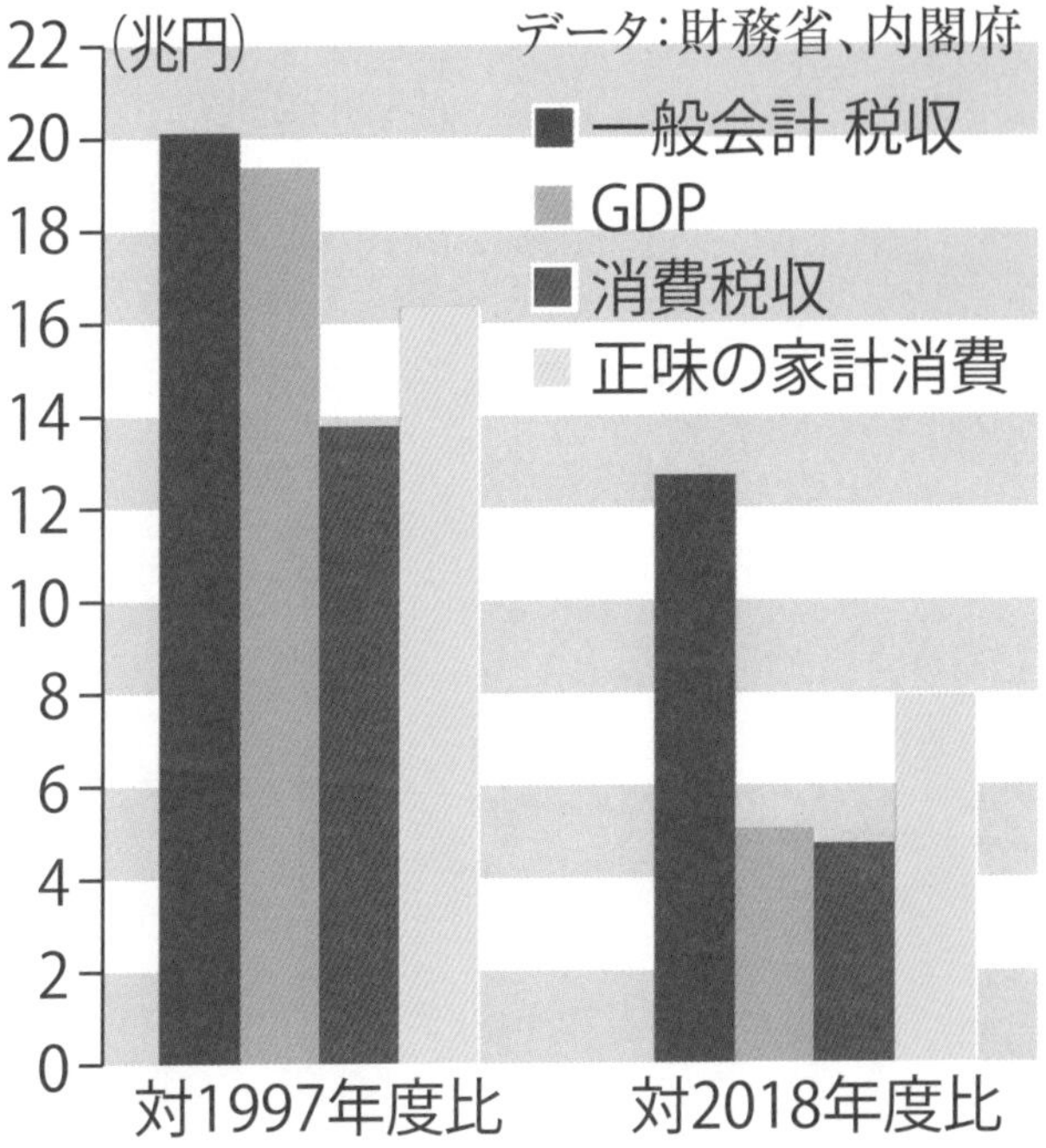

一目瞭然、25年前に比べて税収は消費税主導で20兆円余り増えたが、GDP増は19兆円余りだ。18年度比ではそれぞれ12・7兆円、5兆円余りだ。

増減率を%でみるとさらに歴然とする。2022年度の消費者物価はコロナ前に比べて3・5%上がった

が、消費は2・6％しか伸びていない。消費税収は31％も増えた。GDPは25年前に比べて3・6％弱しか増えていないのに、税収は32％も伸びた。デフレ圧力が去らないために、実体経済はほとんど成長しないが、消費税増税などのおかげで税収だけが増えたのだ。

なぜ、税収と実体経済との間に大きな乖離《かいり》が生じるのか、答えは緊縮財政である。GDPは政府部門と民間部門に大別される。政府は民間の収入を税で吸い上げるが、需要不振が続いているのに財政支出を通じて民間に還流させず、多くを国債償還財源に回すのだから需要がますます細る。この結果、企業は原材料高や消費税増税の一部だけ販売価格に転嫁するのにとどめると同時に賃上げを渋る。

岸田政権が先に打ち出した「骨太の方針」では2025年度の基礎的財政収支（プライマリーバランス、PB）黒字化目標の文言を外す代わりに、目標達成を明記した過去の骨太に基づくと書き込み、目立たない形で黒字化目標を堅持している。歳出を抑制し、増える税収を実体経済に返さずにPB黒字化を実現する財務官僚の意図がみえみえだ。

今の税収の増加基調が続けば、25年度達成は十分可能だろう。政府が2023年1

月下旬にまとめた「中長期の経済財政に関する試算」によると、国と地方合わせたPBは低成長が続く場合でも５・１兆円の赤字を見込んでいるが、税収を低く見積もるのは財務省の常套手段である。22年度の税収だけでも同年度当初予算の税収を５・９兆円上回った。さらに地方税収も国の税収に準じて増加する。

産経朝刊23年7月11日付によれば、岸田首相は常日ごろ、「財務省の言う通りにするつもりはない」と、周囲に語っているという。ならば、この際、増える税収をきちんと民間に返したらどうか。

長期金利の上昇と円安が同時進行（2023年8月11日）

「根拠のない投機的な債券売りがあまり広がらないようにコントロールする」（2023年7月28日の日銀政策決定会合後の植田和男日銀総裁発言）。植田日銀は長短金利操作（イールドカーブ・コントロール、YCC）の「柔軟化」に乗り出し、長期金利の上限0・5％を「めど」とするものの、1％までの上昇を許容した。その結果、金融市場では長期金利の上昇と円安が同時進行する気配が続いている。

回復途上にある景気を考えると、行き過ぎた長期金利の上昇、急激な円安とも避けたいところだろうが、焦りは禁物だ。金融政策修正はわずかであっても市場投機に火をつける。YCC修正を執拗《しつよう》に促す経済メディアもそれに鈍感である。

グラフは日銀による国債の購入規模を表わす日銀保有国債の前年比増減額と、市場での一日当たり国債売買高の推移で、いずれも兆円単位で追っている。

異次元金融緩和が2013年4月に始まって以来、市場での国債売買高は40兆円前

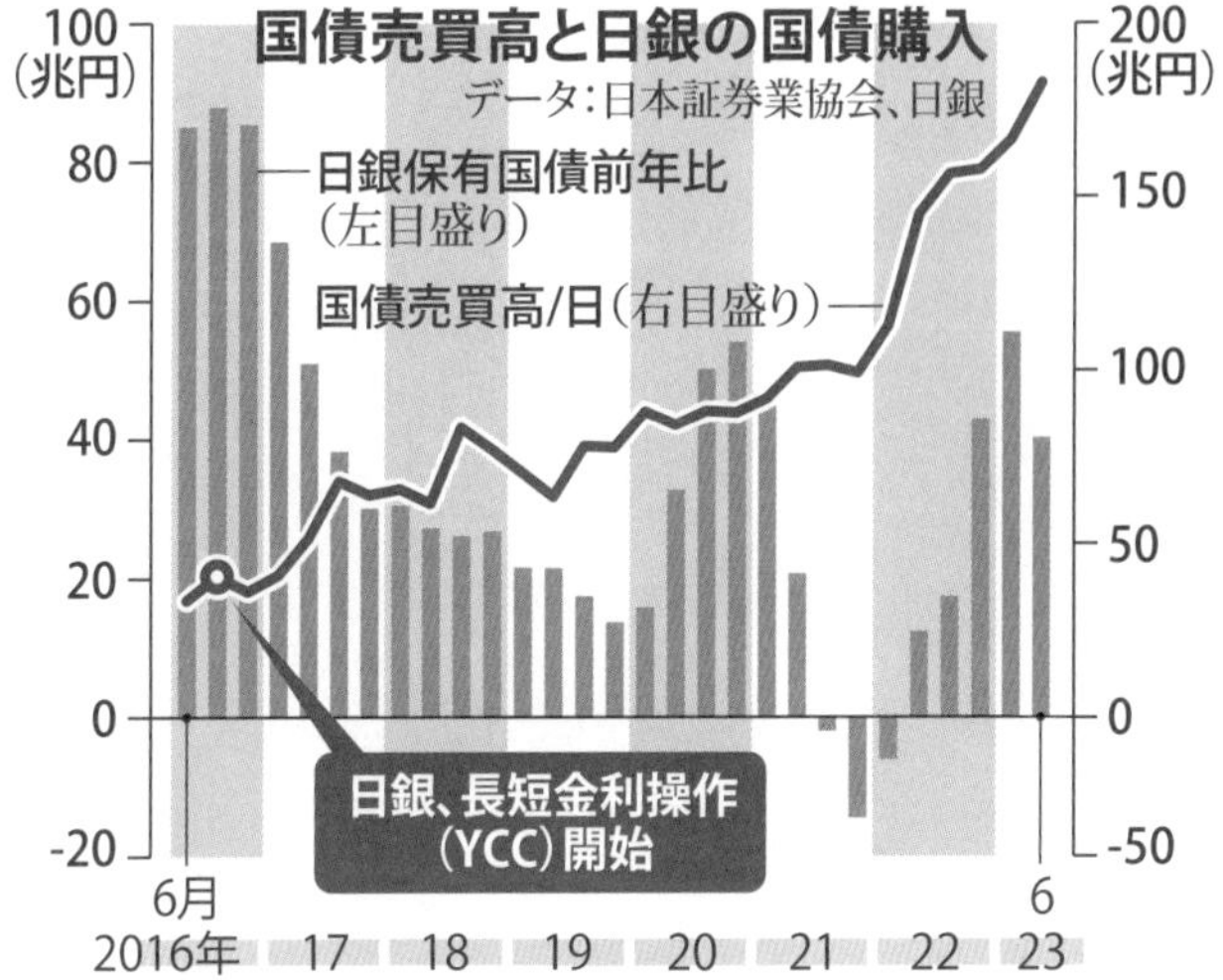

後で推移してきたが、日銀がＹＣＣに踏み切ったあと、米連邦準備制度理事会（ＦＲＢ）が大幅利上げを開始した22年３月以降は膨張が目立った。外国の投資家主導の投機的な国債売りは、円売りを伴い円安を加速させる。

他方、80兆円を超えていた日銀の国債購入前年比は、ＹＣＣ導入後徐々に縮小した。政府が新型コロナウイルス対策財源確保のために国債を増発すると、日銀は再び国債購入を増やし、長期金利をＹＣＣで設定した上限０・２５％以下に抑えてきた。

しかし22年からは前述した国債投機売と円安が激しくなった。この圧力に抗し切れなくなった日銀は22年12月にＹＣＣの上限金利を０・５％に引き上げ、国債購入も増やした。23年４月に日銀総裁に植田氏が就任し、大規模緩和の継続を表明すると、市場投機は一服し、長期金利の上昇と円安の進行も止まりかけた。

ところが、植田総裁は23年６月に入ると、ＹＣＣの修正に前のめりと市場に受け取られる発言を行うようになり、市場の投機売買が再び盛んになった。経済メディアもＹＣＣ修正の観測記事を盛んに流す。そして、日銀は23年７月下旬の金融政策決定会合で冒頭のような長期金利１％を事実上容認する決定に踏み切った。

ＹＣＣはもともと、日銀が国債購入量を減らしながら長期金利の低め安定をめざす手段で、22年前半まではまずまずの成果を挙げた。ところが、22年２月下旬のウクライナ戦争勃発後、調子が狂った。エネルギー価格高騰に伴う世界的なインフレと米金利上昇が重なった。短期金利をゼロ％以下に抑え、長期金利をそれに見合った低水準に保つようにするＹＣＣは投機の絶好の標的にされたのだ。

市場での国債売買規模は今や一日で１８０兆円を超す。日銀による国債純購入額は多くても月間で９兆円にとどまり、投機には抗し切れない。だからこそ、日銀は頑固なまでに現状維持を貫くべきだが、メディアの催促もあって辛抱できなかった。市場を甘く見た植田日銀は前途多難である。

植田日銀は投機に負けたのか（２０２３年11月７日）

外国人投資家を中心とする市場の巨大投機勢力に対し、日銀の劣勢が目立つ。植田和男日銀総裁は２０２３年10月末、投機に押され、長期金利の厳格な意味での１％上限を撤廃した。逆風の中、円相場の激安と長期金利高騰をどう阻止するか、植田日銀の正念場である。

グラフは、日本国債の売買額に占める外国人投資家の割合と円ドル相場の推移である。外国人の日本国債保有比率は７％台だが、市場取引ではメガバンクや生損保など日本の機関投資家を圧倒している。外国人売買シェアは23年１月以降、上昇し続け、9月には43％台になった。円の対ドル相場はそれに沿って下落した。外国勢は短期国債の取引を通じて円相場を動かしてきたが、最近では長期債と同時並行で円投機に及んでいる。

投機勢力が目をつけるのが長短金利操作（イールドカーブ・コントロール、ＹＣ

日本国債の外国人売買シェア、
ドル円相場と日銀による長期金利誘導

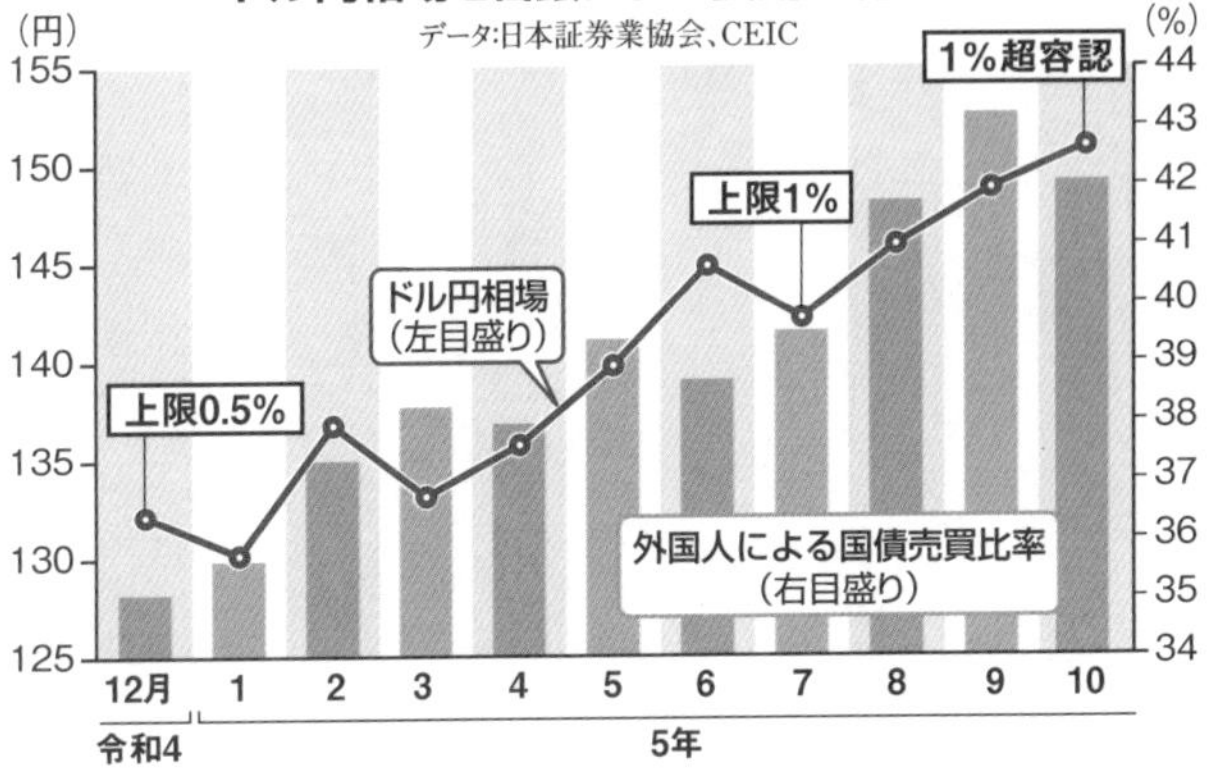

C）と呼ばれる日銀の政策だ。日銀は平成25（２０１３）年４月にゼロ金利と大規模な国債買い入れによる異次元金融緩和を開始した。平成28年１月にはマイナス金利政策、同９月にはＹＣＣに踏み込んだ。ゼロ％以下の政策金利に見合うように国債金利そのものの長期金利について、ゼロ％を下限として低めに誘導し、政府による国債発行コストを抑制する。

ＹＣＣによる国債金利低め誘導はまずは成功してきたかのように見えたが、２０２２年３月以降は変調をきたした。ロシア軍のウクライナ侵略をきっかけにしたエネルギー価格の高騰と、世界的なインフレ懸念に伴う米連邦準備制度理事会

（ＦＲＢ）による大幅な連続利上げである。日米の長期金利差の拡大予想によって円売り、ドル買いが進み、日本国債にも売り圧力が高まる。日銀の黒田東彦前総裁は市場や経済メディアからの執拗《しつよう》なＹＣＣ修正圧力を受けて、２０２２年12月に長期金利上限をそれまでの０・２５％から０・５％へ引き上げざるをえなかった。

投機筋はさらに勢いづき、円安がじわじわと進む。２０２３年４月には植田氏が総裁に就任し、「大規模緩和継続」を宣言すると市場投機はいったん弱まった。しかし、経済メディアなどによるＹＣＣ修正観測に押されて植田総裁の発言はブレ始め、投機が息を吹き返した。日銀は23年７月28日の金融政策決定会合で長期金利上限を１％に引き上げた。

円売り、国債売りの投機はさらに激しくなり、経済メディアによるＹＣＣ撤廃観測が拍車をかける。植田日銀は投機後追いの泥沼にはまったかのようだ。

もとより、日銀が市場の投機勢力に打ち勝つのは至難の業である。何しろ国債市場規模は巨大だ。23年８月時点の国債発行高は１０９８兆円、このうち日銀が約53％、５８１兆円を保有している。これに対し、国債の売買規模は９月で３９２９兆円、うち外国人は１６９６兆円を占める。２０２３年９月の日銀の国債保有増加額は前年比で41・3兆円だが、圧倒的な市場の投機攻勢に対抗するには弾薬不足である。植田日銀はすっかりその弱い足元を見抜かれている。

金融経済の要である中央銀行が投機に翻弄されるようでは、国家と国民の安全が脅かされる。どうすべきか。植田日銀はうろたえずに泰然自若と構え、市場と対峙《たいじ》すべきだ。投機は、損失のリスクが大きいと弱気になる。市場への日銀介入が確実なら、投機筋は安心して賭ける。日銀は長期金利上限1％を「めど」とし、それを超える水準にどう対応するか、あいまいにした。その成果が出るようなら、次には上限撤廃にまで力強く踏み込めばよい。

もう一つ、円安＝悪という経済メディアなどの決めつけは間違っている。円安は急激な進行ではない限り、今の日本経済にとって悪くはないどころか、プラス面が多い。世界最大の債権国日本は外国からの利子、配当収入が急増している。円安に伴う収益増はトヨタ自動車など輸出企業ばかりでなく、外国証券の運用比率が約5割の年金積立金管理運用独立行政法人（GPIF）にも及ぶ。

低金利が円安をもたらすのは、今後将来に向けて米国との金利差が拡大するという市場予想が広がっているときである。日銀が短期金利をゼロ％以下とし、長期金利を

1%程度とする予想が長い間、変わらないのは、日本がデフレから脱却できそうにない場合である。海外の著名投資家たちは日本の脱デフレが近いとみて、対日株式投資に意欲的だ。脱デフレ期待をさらに、確信にまで高めるためには、岸田文雄政権による効果的な減税による内需拡大が欠かせない。ＦＲＢの利上げ打ち止めがはっきりすれば、超円安懸念は一挙に吹き飛ぶだろう。

黒田日銀が習政権に助け船

（2023年12月1日）

「中国に投資するなんて言おうものなら、お前は正気かと疑われる」とは、最近会ったニューヨーク・ウォール街の著名投資家の言である。「親中」一辺倒だったウォール街ですら「脱中国」が今や当たり前だ。

日本国内をみると、政官財の指導層は相変わらず中国に甘い。岸田文雄政権は先の米国での習近平共産党総書記・国家主席との会談では中身ゼロの「戦略的互恵」を持ち出す始末で、中国当局による理不尽な日本企業駐在員の拘束、福島第一原発の処理水に対する難癖への対抗策を打ち出す気配はまるでなかった。

日本の指導層の弛緩《しかん》した対中認識は今に始まったわけではない。一端は、2023年11月に連載された黒田東彦前日銀総裁の日経新聞「私の履歴書」に見える。同連載では黒田日銀の自己弁護が目に余るが、第24回「マイナス金利　原油・人民元安に懸念」（11月25日付）を例に取ってみる。「私は16年1月、スイスでの世界経済フォーラム（ダボス会議）に登壇し（中略）『中国は資本規制を強化した方がよい』と発言した。人民元安が再び日本を含むアジアにデフレ圧力を及ぼす懸念があった」「新興国経済への先行き懸念もあり、世界的な株安や円高が進んでいた。スイスに出発する前、私は追加金融緩和の選択肢を議論できるように、内々に準備を要請していた。帰国後、1月29日の金融政策決定会合で、日銀はマイナス金利政策の導入を決めた」とある。

当時、中国は資本逃避が急増し、習政権は追い込まれていた。為替投機家のジョージ・ソロス氏が同じダボス会議で「中国のハードランディングは不可避だ」と言い放ち、中国市場は大きく揺れた。が、黒田氏が助け舟を出した。人民元は前年10月に国際通貨基金（IMF）特別引き出し権（SDR）構成通貨となり、人民元は円を抜いてドル、ユーロに次ぐ第3位の「国際決済通貨」の座を獲得したばかりだった。人民元のSDR入りの条件は市場自由化だったが、黒田氏は約束履行を迫るどころか中国の規制継続を容認したのだ。

新たにマイナス金利が組み込まれた異次元金融緩和とともに大量発行される日銀資金の増発分相当額は国際金融市場に流出し、その多くが中国に投じられた。こうして習政権は金融危機脱出に成功した（詳しくは拙著『現代日本経済史』ワニ・プラス刊

海外の人民元金融資産保有と人民元の対ドル相場

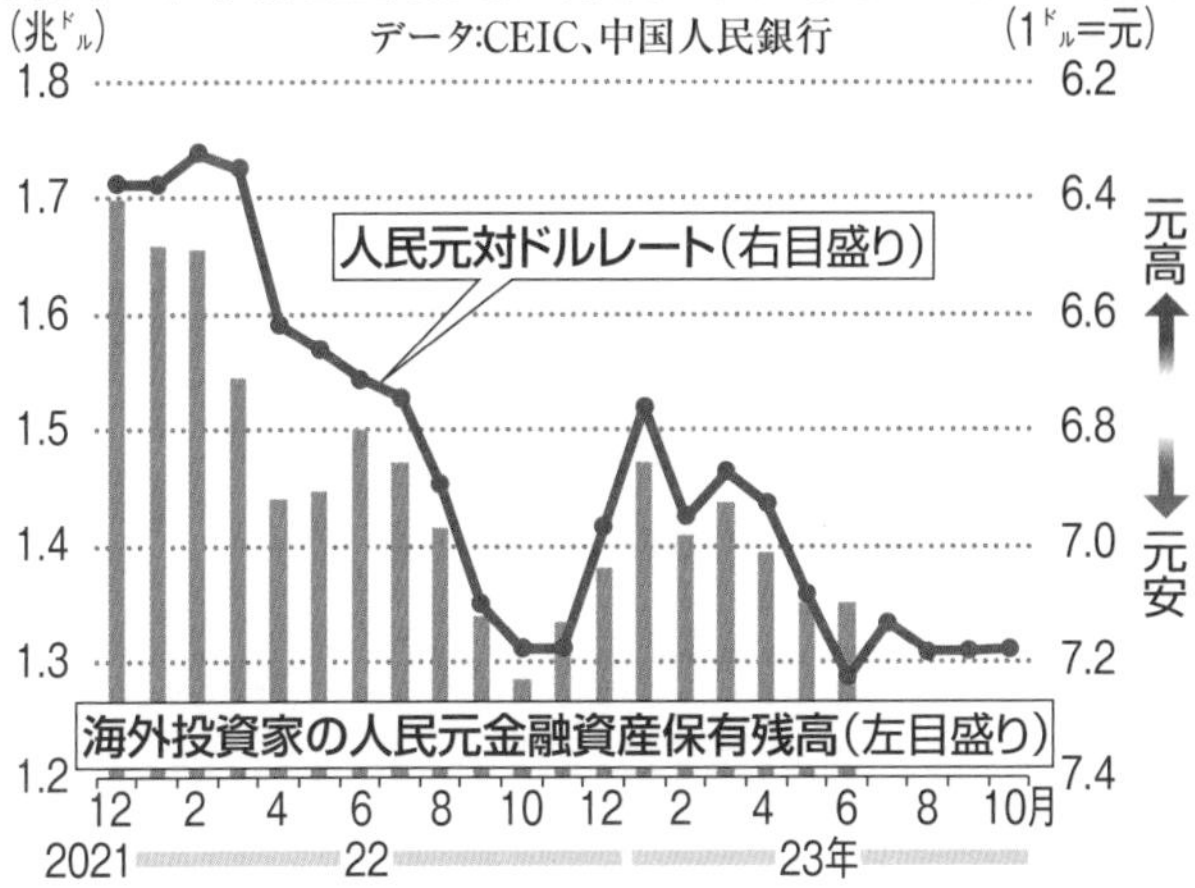

(注) 海外の人民元金融資産保有データは2023年7月以降公表中断

参照)。日本国内では、黒田氏が故安倍晋三元首相に飲ませた2014年4月からの大型消費税増税が招いた内需不振のためにカネは回らず、デフレが続いた。黒田氏が犯した重大な誤りについて、リフレ派の多くは不問に付すが、拙論は黙るわけにはいかない。

中国は今、かつてない金融危機に直面している。グラフはその一端を示す。冒頭の発言通り、米国を中心とする海外投資家は人民元資産を大幅に減らし続けている。人民元は当局の介入によってかろうじて暴落を免れている。岸田政権が習政権の横暴を抑えたいなら、この機をどう活かすかだ。

終　章　日本は脱デフレの正念場

脱デフレには消費税減税しかない（2023年10月24日）

日本経済は今、脱デフレを達成できるかどうか、正念場を迎えている。最近、岸田文雄首相が呼んだ世界最大手の米資産運用会社ブラックロックの首脳は「日本が驚異的な経済的変貌の途上にある」と称賛したそうだが、浮かれてはいけない。政府が税収を増やして民間の需要を奪うため、デフレ圧力を払拭し切れないからだ。

グラフは、家計の税および社会保険料負担、雇用者報酬（給与と企業が負担する社会保険料の合計）、さらに可処分所得（雇用者報酬から税、社会保険料負担を差し引いて手元に残る収入）の物価上昇分を除いた実質値が、アベノミクスが本格的に始まった平成25（2013）年度に比べ、どう増加または減ったかを示す。雇用者報酬はまさにアベノミクスの成果で、新型コロナウイルス感染爆発の令和2（2020）年度の落ち込みを除けば、拡大基調にある。実質可処分所得はコロナ対策で国民1人当たり一律10万円が支給された令和2年度に大きく増えた。ところが、翌年度から縮

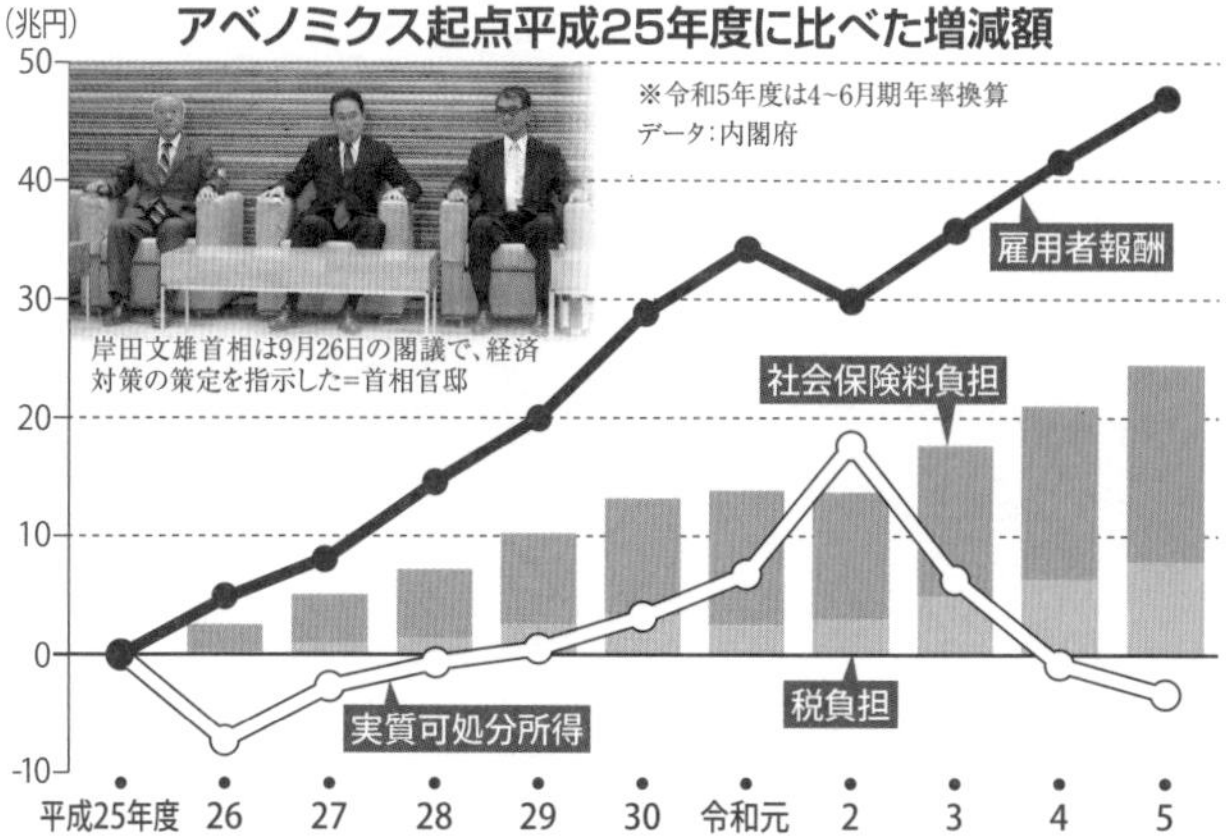

少し始め、令和4年度には平成25年度を下回り、令和5年度にはさらに悪化、家計はアベノミクス以前の窮状に戻ったのだ。

主因は2022（令和4）年3月以降の消費者物価の大幅な上昇に賃上げが追いついていないことばかりではない。消費税増税と社会保険料負担増がずしんと重い。

スーパーに行くと、野菜、果物、魚、肉、どれをみても値上がりしている。レストランに行くと、メニューの価格表は前と変わらなくても、出される料理の量がかなり少ない。収入が増えないのに、8~10%もの消費税がかかる。

なのに、岸田政権はこれまで、物価値上がり対策として石油元売りや電力・ガス会社への補助を通じてエネルギー価格上昇を抑制する対策に終始してきた。家計負担を直接減らすまっとうな政策には背を向ける。何を血迷ったのか、冒頭に挙げたような米投資ファンド代表を何人も首相官邸に招き入れて対日投資を歓迎し、株価上昇に腐心する。実体経済を支える勤労世代の中低所得者の負担軽減策よりも、金融資産を持てる階層に目を配るちぐはぐぶりである。

２０２３年10月初旬には、自民党の若手議員グループ「責任ある積極財政を推進する議員連盟」が消費税減税案をまとめた。趣旨は、物価安定目標２％の達成までという時限付きで消費税率を５％に下げ、食料品はゼロとする。特に前年比で８％も上昇している食料品の軽減税率を今の８％から０％にするのは極めて理にかなっている。消費税減税が来春の賃上げと重なれば四半世紀以上も続いてきたデフレ圧力から、今度こそ抜け出せるだろう。

だが、鈴木俊一財務相は「消費税は全世代型社会保障制度を支える重要な財源だ」と言い、松野博一官房長官（２０２３年12月辞任）も同じ文言を繰り返し、門前払いだ。そもそも「消費税収は社会保障財源」とは虚言に近い。消費税はもとより、所得税や法人税と同様、普通税であり、使途を限定する目的税ではないというのが、従来の内閣府の見解なのに、まるっきり念頭にはないようだ。多くの議員は、消費税を減税すると社会保障費を削減せざるをえなくなる、という財務官僚の脅しに弱い。23年10月16日判明の経済対策に関する自民党の提言案は消費税や所得税の減税の明記を見送った。財務省と闘った安倍晋三元首相がいなくなると、このザマだ。

23年10月16日発表の産経新聞社・ＦＮＮ（フジニュースネットワーク）合同世論調査によると、岸田内閣の支持率は35・６％となり、21年10月の第１次岸田政権発足後最低で、不支持率は過去最高の59・６％だ。

岸田氏はさすがに慌てたのだろう。17日には「給付措置に加え、減税や社会保障負担軽減などあらゆる手段を考えていく」と表明し、20日には期限付きの所得税減税を自民、公明両党に指示した。

「所得税減税」による家計の負担減効果は乏しい。低所得者の税率は、すでにかなり低く抑えられているからだ。国税庁の令和４（22）年分の民間給与実態統計調査によれば、年間給与額８００万円以下の階層は全体の89％に上るが、７００万円超８００万円以下の階層でも給与総額に対する所得税負担の比率は４・３％にとどまる。

肝心の景気はここにきて、陰り始めている。23年４～６月期のＧＤＰは前期比１・

2％の伸びだが、家計消費など民需は同マイナス0・8％に落ちた。内閣府の景気ウォッチャー調査23年9月分でも企業の景況感は前月を下回った。

岸田首相がうろうろしているうちに、脱デフレのチャンスが逃げる。

急ぐべきは食料品の消費税率ゼロだ（２０２３年11月21日）

サンフランシスコでバイデン米大統領との会談後、中国の習近平共産党総書記・国家主席はそそくさと足を運んだ米金融・産業界重鎮との夕食会で、対中投資再開を求めた。ときは日本時間で２０２３年11月16日午後、東京では訪日中のニューヨークの米機関投資家グループの代表が筆者らと会い、「われわれは脱中国、日本買いを加速させる」と言い切った。

バイデン氏の言う通り「独裁者」習氏の体制下では中国のバブル崩壊、不況長期化は不可避だ。対照的に民主主義の日本は安心できるし、円安をテコに経済再生に向かうと確信しているという。「米国では、この期に及んでなお中国市場に突っ込むとでも言うなら、気は確かかと疑われてしまう」と打ち明ける。

円相場が36年前の水準にまで下がった今、日本のホテル代、高級料理、それに何よりも株価が外国人投資家にとってはとにかく安い。だが、ウォール街は強欲だ。脱デフレに手間取るようだと、かれらの見方も変わるだろう。

内閣府発表の2023年7~9月期の国内総生産（GDP）一次速報値は黄信号である。実質GDPは前期比でマイナス0・5%に落ち込んだ。家計消費を中心とする内需の落ち込みは4~6月期から続いている。

グラフを見よう。新型コロナウイルス不況の令和2（2020）年度の後、実質家計消費は回復に向かい、新型コロナ収束がはっきりした令和5年度はさらに加速し、これまで四半世紀以上も続いてきた慢性デフレから抜け出せる光明が差してきたとも思えた。しかし、このまま需要の低迷が続けば、元のもくあみになりかねない。

円安は製造業を中心に企業収益を押し上げる半面、エネルギー高騰と重なることで、輸入コストを押し上げる。需要萎縮を伴うデフレ経済では、企業は総じてシェアを失うことを恐れて値上げに慎重だったが、全般的な原材料価格の上昇に直面すると、こぞって値上げに転じ、販売価格に転嫁する動きが広がった。その結果、物価全体が押し上げられ、令和5（23）年度前半の消費者物価総合指数を前年比で約3%上昇させている。だが、分野別に見ると、食料物価の値上がりが突出している。食料品は輸入原材料に頼る度合いが高いからで、コスト上昇分の販売価格への転嫁はまだ道半ばで

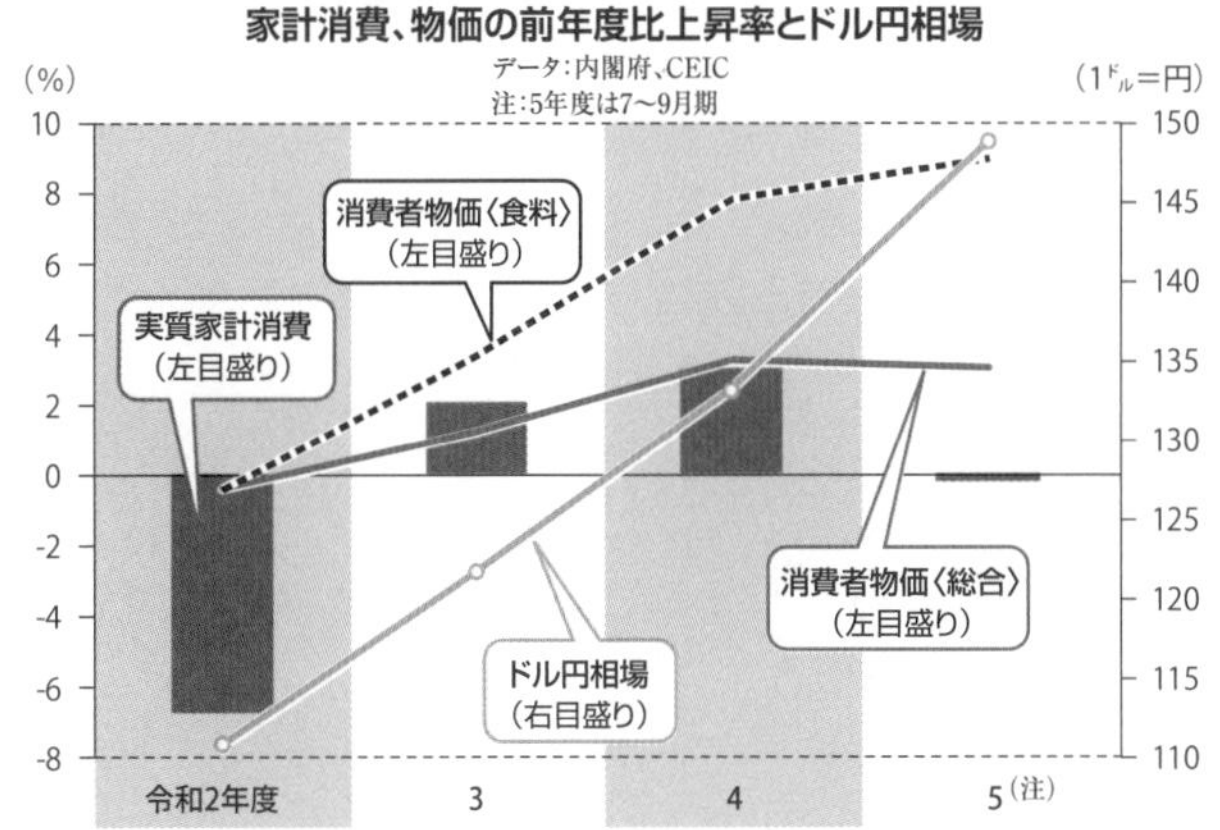

あり、今後もこのトレンドは続きそうだ。
国民の窮状を横目に、物価値上がりの恩恵をもっとも受けているのは誰か。それは政府である。企業は値上げによって売り上げと収益総額を増やす。かさ上げされた収益の一部を賃上げにも回すので、勤労者所得も幾分増える。その結果、政府の税収増は消費税ばかりでなく法人税、所得税でも著しい。従って岸田文雄首相が税収増を国民すべてに「還元」するのは至極当たり前である。
岸田政権が決めた経済対策の柱は所得税と住民税の定額減税と、住民税非課税世帯への給付であり、一度きりだ。だが、財務官僚が仕組む消費税増税など将来の増税メニューを受け入れてきた岸田首相はネットメディアで「増税メガネ」と揶揄《やゆ》されたまま、ネガティブな印象を払拭できていない。

家計は減税後には消費税増税があるとにらんで、減税分をため置くだろう。国民1人当たり4万円の定額減税分が約束されたとしても、消費者はスーパーに出向けば、高物価、ことに大きく値上がりした食料品売り場で立ち往生する現実に変わりはない。これでは消費は冷え込み、脱デフレのチャンスも遠のいてしまう。非課税世帯への7万円給付を含め、総額5兆円と見込まれる所得減税はこれでは単なるバラマキに終わってしまう。世論は逆に不信を募らせ、岸田政権に愛想をつかす。

どうすべきか、グラフが導く答えは明白だ。円安以上に消費者物価、ことに食料価格を押し上げているのは消費税である。消費税率は原則10%、うち食料品は軽減税率8%だ。この際、まず食料品の軽減税率をゼロ%にすればどうか。

ざくっと試算してみると、23年9月時点で前年同月比9%の食料物価上昇率は1%未満まで下がる。全国家計平均のエンゲル係数（全消費に占める食料費の比率）は23年8月に30%を超え、50年前に戻った。若い世代が多い中低所得層が困窮化するなら、子作り、子育てどころではない。岸田首相は自民党内の若手グループ提案の消費税減税案にけんもほろろだ。だが、日本など西側の投資を呼び込んで膨張した中国に対し、日本が再生し、巻き返すにはそれしかない。

「マイナス金利」の罠（2023年12月19日）

日銀の植田和男総裁はマイナス金利の早期解除に前のめりだ。この変則金利の本来の目的は脱デフレだが、デフレ圧力はいまだに去っていない。マイナス金利の効用は何だったのか。

マイナス金利では、貸し手側が借り手に金利を支払う羽目になるが、一般人がカネを借りると金利をいただけるわけではない。日銀から資金供給を受ける市中銀行の日銀当座預金の一部がマイナス金利になるので、銀行間で資金を融通する短期金融市場の金利がマイナスとなる。銀行はそれじゃかなわないというので、プラス金利で貸せる企業や消費者向け融資に前向きになる。日銀が発行する資金はこうして銀行経由で生産や消費活動に回り、モノやサービスの需要を拡大させる。その結果、デフレのために冷えきった物価は次第に上がるようになる。そう踏んだ黒田東彦前総裁は平成28（2016）年1月、導入を決断した。

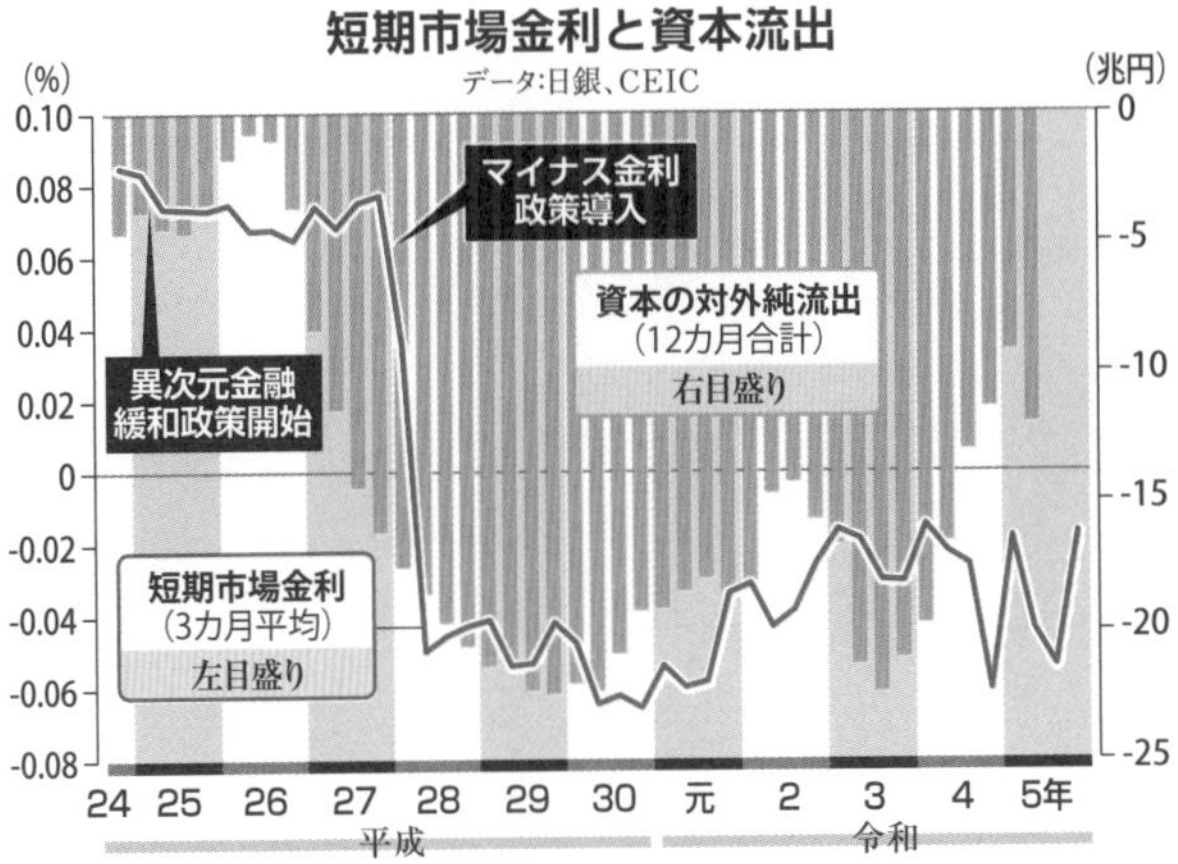

実際はどうか。平成24（2012）年12月以来の短期市場金利と日本からの対外資本純流出の推移を示すグラフがすべてを物語る。平成27（2015）年から増え始めていた資本流出はマイナス金利の局面に入ると加速した。令和4（2022）年には減速したが、最近でも対外流出はマイナス金利導入前を上回る高水準である。

国内向け金融はどうか。日銀の資金発行、銀行貸し出し、そして海外向け金融債権の各残高がマイナス金利導入前の平成27年12月に比べてどう増えたかを比べてみよう。令和5（2023）年6月末時点では、日銀資金発行は320兆円、銀行貸し出しは106兆円の各増加に対し、対外債権増は522兆円と、他を圧倒する。だが、対外債権はドル建てが一般的なので円安の分だけ膨らむ。そこで円が1ドル＝116円だった令和4（2022）年3月時点で見ると、それぞれ315兆円、86兆円、356兆円と基調は同じである。マイナス金利のもとで、日銀が巨額のカネを刷って銀行に流し込んでも、その一部しか貸し出しに回っていない。さらに、日銀の量的拡大をしのぐ規模のカネが国外に出ていることは歴然としている。

投資ファンドなど欧米系の国際金融資本は超低コストの円資金を日本の金融市場から調達し、金利水準がはるかに高いドル建ての国際金融市場で運用する。さらに国際金融資本は香港経由で中国に投融資するし、中国の企業や金融機関も国際金融市場で借り入れる。日銀マネーはニューヨーク、ロンドン、香港などの国際金融市場をにぎわすばかりか、中国経済の成長を大いに助長してきた。

ケインズ経済学では「流動性の罠《わな》」という定理がある。流動性とは現金もしくはいつでも現金に換えられる預金などの金融資産のことで、平たく言えば「カネ」のことだ。中央銀行が極端なまでに金利を引き下げても、カネは実体経済には回らず金融市場で堂々巡りする悪循環になる。とりわけ、国内がデフレで資金需要が細っているときがそうだ。金融のグローバル化が進んだ今日では、日本のカネは国際金融市場に流れ出る。マイナス金利ともなればさらにこの傾向がひどくなる。上記のグラフとデータはこの「罠」を浮き彫りにする。

マイナス金利はかくして日本経済の役に立たなかった。海外の円売り投機を誘発するなど弊害が目立つ。それどころか、習近平政権の中国を肥《ふと》らせ、その軍事力増長を支える要因にもなった。

日銀はマイナス金利を早く打ち切りたいのだろうが、肝心の脱デフレはどうなるのか。日銀も岸田文雄政権も脱デフレは24年春闘の大幅な賃上げに望みを託しているのだが、いわば産業界任せ、他人頼みである。そもそもマイナス金利政策の挫折は金融偏重の限界を示している。輸入コストの上昇によって、物価が大幅に上がってもデフレ圧力が消えないわけは、需要不足にある。

需要萎縮でデフレを温存する元凶は消費税増税、社会保険料引き上げ、財政支出削減という緊縮財政にある。岸田政権は住民税非課税世帯への給付や所得税減税によって家計の可処分所得を増やし、需要を回復させるというが、消費者は近い将来の増税や社会保険料の引き上げに身構えている。

財務省と対峙《たいじ》した安倍晋三首相の遺伝子が残る安倍派の実力者はすべて政治資金疑惑のために政権からの退場を余儀なくされた。用意周到に増税を工作する財務省の政治的影響力は格段に増す情勢だ。岸田首相がマイナス金利解除と同時に、脱デフレ達成をめざすなら、増税の否定を宣言すべきなのだ。

田村秀男（たむら・ひでお）

産経新聞特別記者・編集委員兼論説委員。昭和21（1946）年、高知県生まれ。昭和45年、早稲田大学政治経済学部卒業後、日本経済新聞社に入社。ワシントン特派員、経済部次長・編集委員、米アジア財団（サンフランシスコ）上級フェロー、香港支局長、東京本社編集委員、日本経済研究センター欧米研究会座長（兼任）を経て、平成18（2006）年、産経新聞社に移籍。著書に『日経新聞の真実』（光文社新書）、『人民元・ドル・円』（岩波新書）、『現代日本経済史』（ワニ・プラス）、『米中通貨戦争』（育鵬社）、共著に『日経新聞と財務省はアホだらけ』（髙橋洋一氏との共著、産経新聞出版）、『安倍晋三vs財務省』（石橋文登氏との共著、育鵬社）など多数。

中国経済衰退の真実
オールカラーのグラフで一目瞭然

令和6年2月9日　第1刷発行

著　　者　田村秀男
発 行 者　赤堀正卓
発 行 所　株式会社産経新聞出版
〒100-8077 東京都千代田区大手町1-7-2 産経新聞社8階
電話　03-3242-9930　FAX　03-3243-0573
発　　売　日本工業新聞社　電話　03-3243-0571（書籍営業）
印刷・製本　株式会社シナノ
電話　03-5911-3355

© Tamura Hideo 2024, Printed in Japan
ISBN 978-4-8191-1433-2　C0095

定価はカバーに表示してあります。
乱丁・落丁本はお取替えいたします。
本書の無断転載を禁じます。